# 器而不捨，以愛延續生命

## 東臺灣器官移植推動者——李明哲的行醫路

李明哲醫師——主述
吳宛霖——撰文

原水文化

## 傳主簡介——李明哲醫師

臺北醫學院醫學系畢業，現任花蓮慈濟醫院外科醫學發展中心副主任、癌症醫學中心副主任、器官移植中心主任、一般外科主治醫師。同時任職慈濟大學醫學系專任教授、臺灣移植醫學會理事、財團法人器官捐贈移植登錄中心董事、社團法人中華民國器官捐贈協會理事長。投入並推動臺灣東部器官移植二十五載，以精湛醫術與柔軟心守護偏鄉民眾，更為東部器官移植帶來卓越貢獻。

## 撰文簡介——吳宛霖

一個住在後山，過著接送小孩、煮飯、餵狗、洗馬桶及壓力大時會追劇、作風老派的平凡大嬸。王小波曾說過：「一個人只擁有此生此世是不夠的，他還應該擁有詩意的世界。」懷抱著詩意安分的過著淡泊殷實的人生，就是後山大嬸的美麗信仰、浪漫主義。真味只是淡，淡裡其實藏著一片海洋。

生活縮影——

# 年少時光

在基隆的照相館，李明哲（中）留下最早的沙龍照，左為哥哥、右是弟弟。

家有四個小孩，李明哲排行老二（圖左一），圖為他與兄弟還有妹妹在基隆出遊的留影。

李明哲從小照顧妹妹長大。圖為妹妹大病初癒，兩人在臺電宿舍住家前合照。

※ 感恩慈濟基金會、花蓮慈濟醫院及李明哲先生提供照片，特此感謝。

小學畢業典禮，第一排右四，老師摟著的就是李明哲。
因為早讀，李明哲從小到大都是班上年紀最小的孩子。

就讀基隆二信中學國中部時的李明哲（前排右二）。

難得的出遊全家福。左起弟弟、李明哲、妹妹、媽媽、
幫忙照顧孩子的幫傭阿婆、哥哥，最右是他的小表弟。

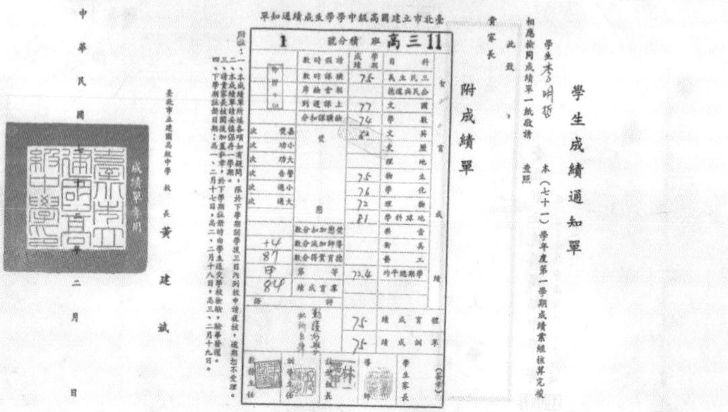

學生成績通知單

學生李明哲本（七十一）學年度第一學期成績業經核算完竣相應檢同成績單一紙敬請
查照
此致
貴家長

附成績單

臺北市立建國高級中學 校長 黃建誠

中華民國七十二年二月 日

臺北市立建國高級中學學生成績通知單

高三 11 班 積分號 1

| 科目 | 學期成績 |
|---|---|
| 三民主義 | 75 |
| 公民與道德 | |
| 國文 | 77 |
| 數學 | 74 |
| 英文 | [illegible] |
| 歷史 | |
| 地理 | |
| 生物 | 75 |
| 化學 | 76 |
| 物理 | 72 |
| 地球科學 | 81 |
| 音樂 | |
| 美術 | |
| 工藝 | |
| 學期總平均 | 72.4 |
| 體育成績 | 75 |
| 軍訓成績 | 75 |

| 德育 | |
|---|---|
| 請假時數 | |
| 曠課時數 | |
| 朝會缺席 | |
| 上課遲到 | |
| 缺繳作業分 | |
| 嘉獎 | 次 |
| 小功 | 次 |
| 大功 | 次 |
| 警告 | 次 |
| 小過 | 次 |
| 大過 | 次 |
| 獎懲加分數 | |
| 導師加減分數 | +4 |
| 德育實得分數 | 87 |
| 等第 | 甲 |
| 群育成績 | 84 |

評語：勤謹好學 知所自律

教務主任　訓導主任　班級長　導師　學生家長（蓋章）

附註：一、本成績單所填各項如有疑問，限於下學期開學後三日內到校申請複核，逾期恕不受理。
二、本成績單請妥慎保存一學期。
三、請貴家長核閱後加蓋私章，於下學期註冊時由學生送交學校檢驗，驗畢發還。
四、下學期註冊日期：高一、二月十七日，高二、二月十八日，高三、二月十九日。

臺北市立建國高級中學 成績單專用

李明哲就讀建國中學時的成績單，他覺得自己高中時還蠻努力的，當時老師給他的評語就是「知所自律」。

踏進醫學院的青春歲月

李明哲三兄弟與母親合影

唸醫學院時的李明哲。

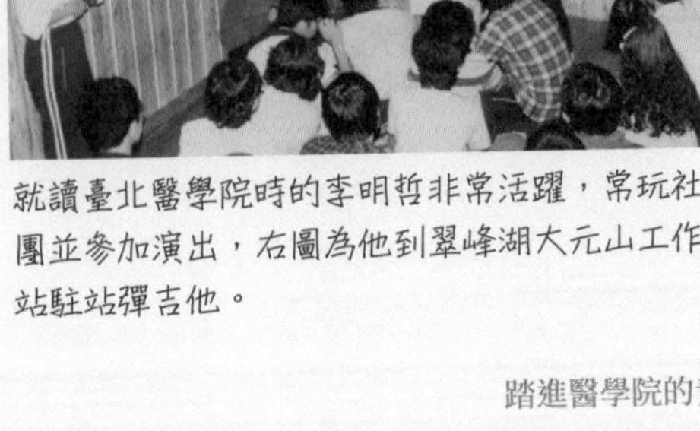

就讀臺北醫學院時的李明哲非常活躍，常玩社團並參加演出，右圖為他到翠峰湖大元山工作站駐站彈吉他。

護理系畢業的女友蔡娟秀也盛裝祝賀他畢業。

李明哲（左）參加醫療服務隊聯歡晚會演出，右為他的大學同學賴俊良，現為大林慈濟醫院副院長。

大學畢業，和同班同學一起拍畢業照。右二為李明哲，當時是他體重最重的時候；右一為好友賴俊良醫師。

大學畢業後，李明哲（後排左二）在花蓮慈濟醫院擔任住院醫師，忙碌的生活，讓他在兩個月內就瘦回瓜子臉。

培養李明哲（左三）成長的花蓮慈院外科部合影，師生和同事間總是不吝提攜、互相幫忙，常一起出遊。右三是老師簡守信，右二是整形外科的李俊達醫師、右一是鄭立福醫師，左一是學生何冠進醫師。

李明哲與蔡娟秀結婚喜宴。他的恩師簡守信（現為臺中慈濟醫院院長）致詞祝福。

婚後李明哲陪老婆蔡娟秀回美國攻讀碩士，途中經過夏威夷度蜜月。

母親六十歲生日時，李明哲（右四）和兄弟姊妹們一起為母親祝壽，看到子女都有成就，讓媽媽非常開心。

李明哲帶著孩子在端午節立蛋。那是到關山慈濟醫院協助啟業駐診時期，讓李明哲自我沉潛，獲得休息，也更堅定之後往器官移植的方向前進。

赴美再充電

李明哲到美國匹茲堡大學學習器官移植，他與參加大動物研究的同學們。左起日本同學石井智浩、李明哲、中國同學尹路，後為他們照顧的肝臟移植豬隻。

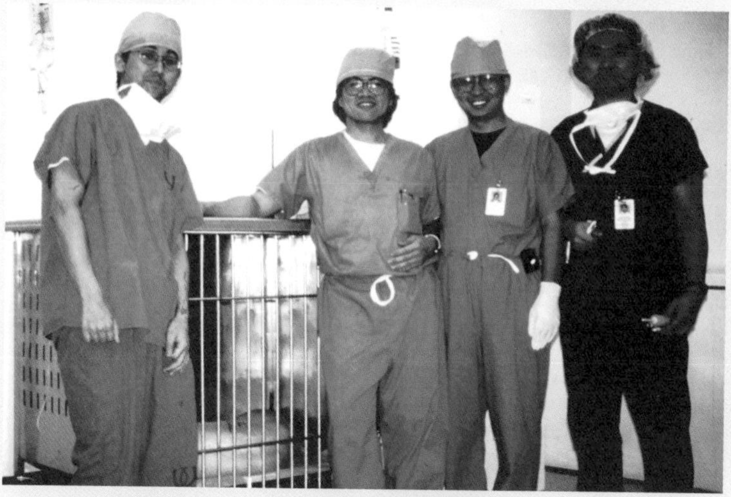

用自己厚實的醫學基礎打進匹茲堡團隊的李明哲（後排左二抱小孩者），漸漸適應美國生活，進修研究空檔參加老師和同學們邀請的聚會。

早期李明哲一人開刀，常常取器官、種器官、前置作業和後續收尾都由他完成，除了奔波還要不眠不休的開刀。圖為麻醉醫師楊曜臨為他拍下的紀錄；李明哲進行移植手術到清晨三點，沒有時間喝水吃飯，鮮血浸濕了身上的無菌衣，為維持體力，由護理師餵他喝生理食鹽水。

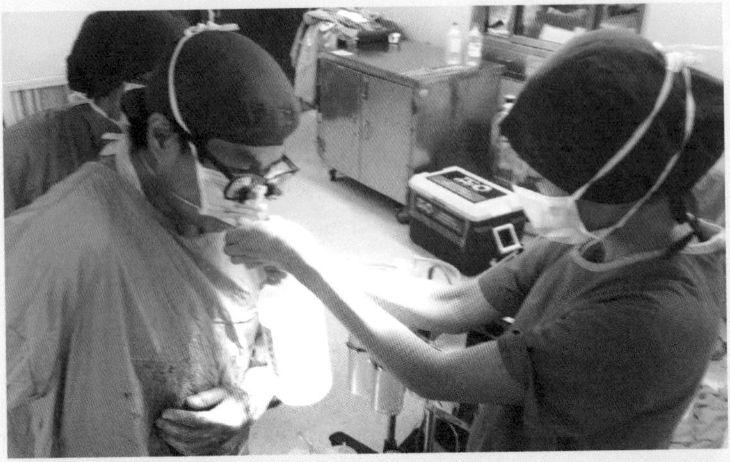

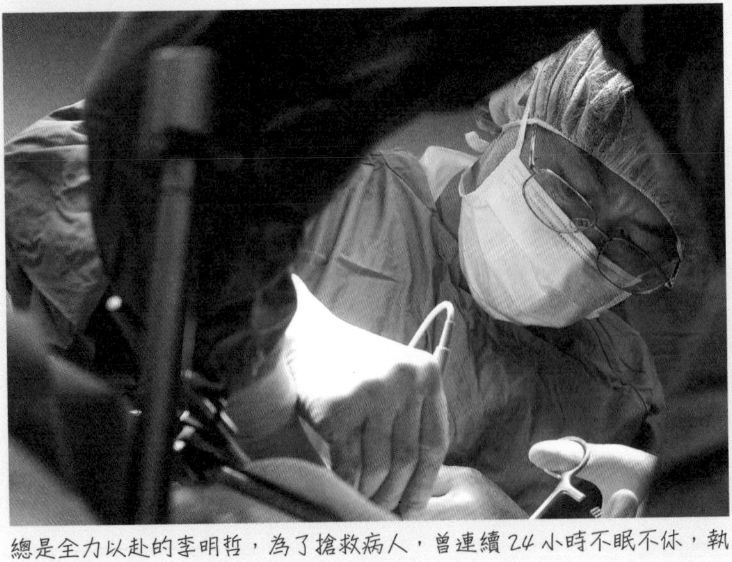

總是全力以赴的李明哲，為了搶救病人，曾連續 24 小時不眠不休，執行「一肝二腎」連續摘取與植入的馬拉松式手術。

2010年一位年輕人與家人從澎湖來臺灣旅行卻意外往生，經家屬同意捐出器官，讓五位病人重獲新生。右起：臺北慈院心臟移植小組團隊蔡貴棟醫師、花蓮慈院器官移植團隊楊穎勤醫師、李明哲醫師等共同合作摘取心臟與腎臟。

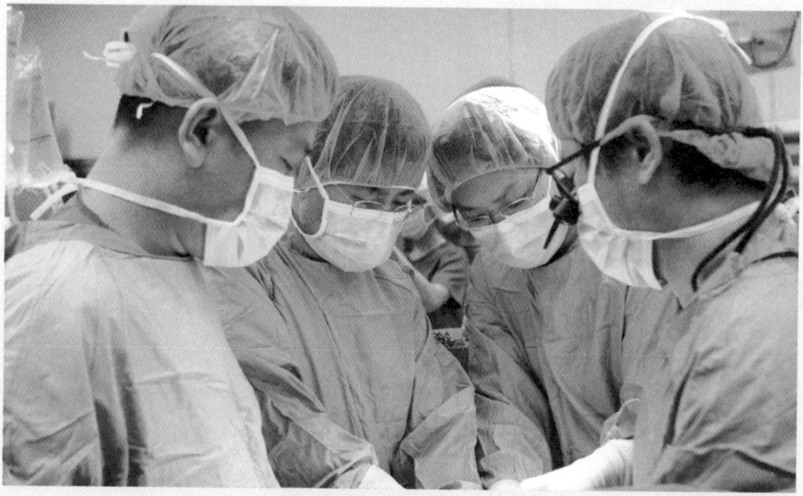

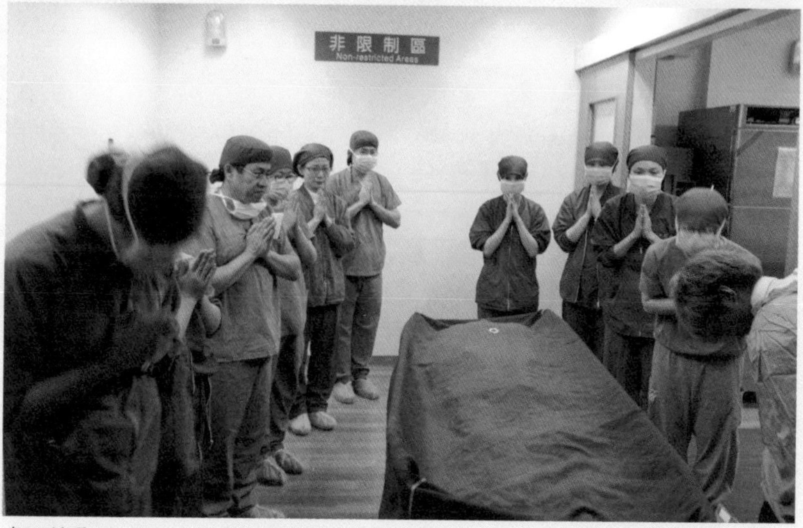


李明哲醫師（左三）所帶領的花蓮慈院器官移植小組，每次完成器官摘除手術後，醫護團隊雙手合十圍繞著捐贈者，感恩他的大愛。

花蓮慈院與花東各醫療院所合作成立東區器官勸募中心。2014年8月20日，花蓮慈院器官移植中心團隊完成首例外院器官捐贈，協助臺東馬偕紀念醫院圓滿多重器官捐贈個案。外科主任李明哲醫師親自前往臺東馬偕護送器官回花蓮。

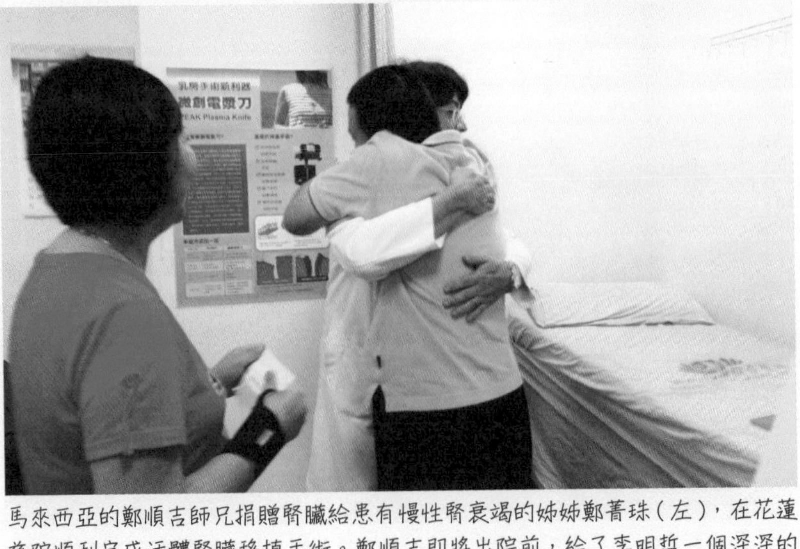


馬來西亞的鄭順吉師兄捐贈腎臟給患有慢性腎衰竭的姊姊鄭菁珠（左），在花蓮慈院順利完成活體腎臟移植手術。鄭順吉即將出院前，給了李明哲一個深深的擁抱，感恩他讓姊姊獲得重生。

總是鉅細靡遺告知病情、治療方式與預後的李明哲，
最開心地就是看見病人康復、出院。

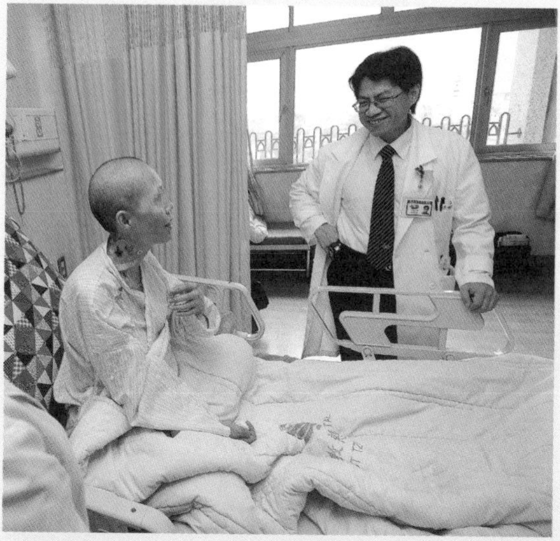

曾與病人一起切下無數「重生蛋糕」的李明哲。

2006年，李明哲（右一背影）在自家舉辦花蓮慈院器官移植病友聯誼會，李醫師引領病友們參觀住家、相談甚歡。

慈濟醫院器官移植小組為了感恩捐贈者，每年秋天邀請捐贈者家屬、受贈者及家屬同聚，以感恩的心情為捐贈者家屬演出「感恩追思音樂會」。圖左起：林蘇足師姊，演員劉瑞琪、洪瑞襄、高捷及李明哲醫師。

左起：揚穎勤醫師、陳言丞醫師都是李明哲（右戴手術用放大鏡者）訓練出來醫術精湛的器官移植外科醫師，他們三人也被暱稱為是外科部的「揚丞琳」（揚丞李）。

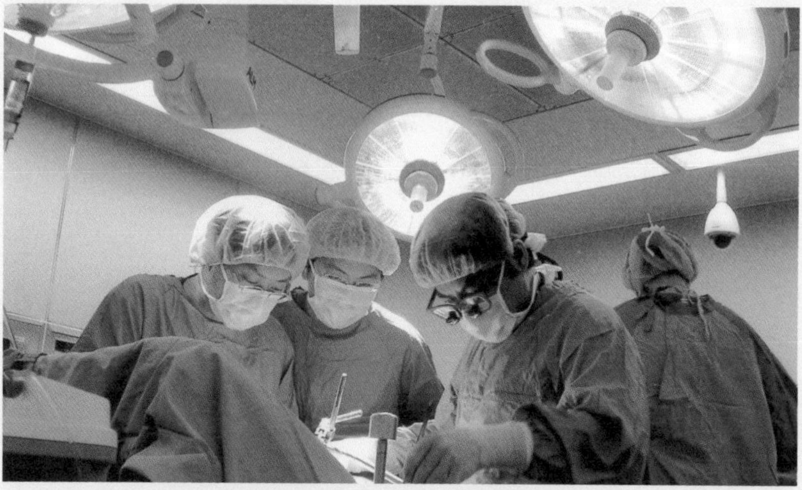

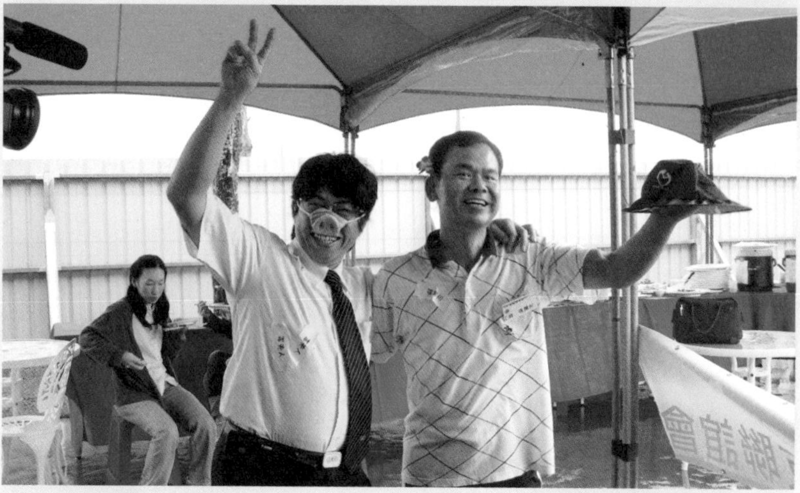

在花蓮慈濟醫院器官移植病友聯誼會上，李明哲（左）與病友一起遊戲同樂。

為了感恩捐贈者，花蓮慈院每年秋天舉辦「感恩追思音樂會」。圖為李明哲醫師帶著女兒，將祝福卡貼在布幕上。

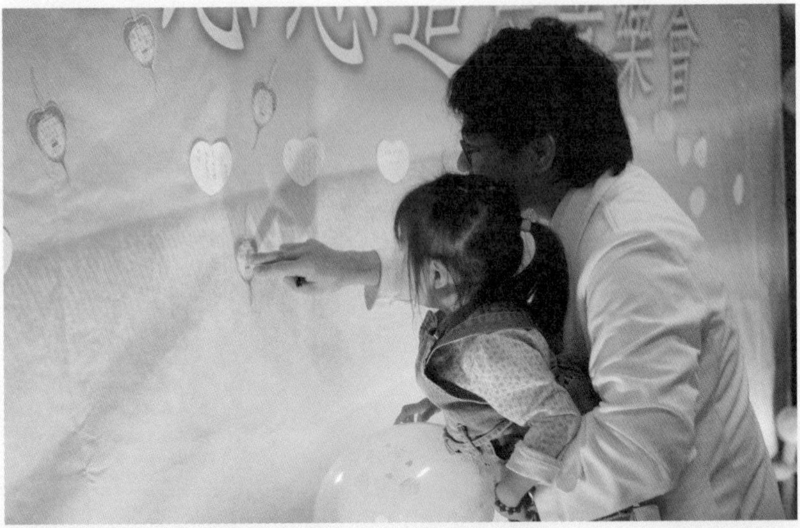

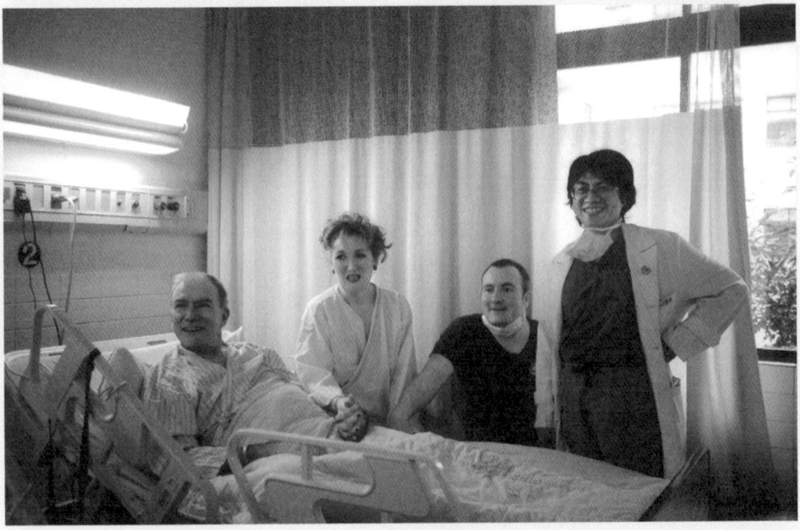

李明哲醫師採腹腔鏡取腎，為花蓮和平電廠的英國工程師，成功完成活體腎臟移植，捐贈者是病人的妻子，夫婦及其兒子與李明哲醫師合影。

2019年11月，李明哲主任（右三）帶領花蓮慈院器官移植暨勸募中心團隊，到臺北響應由器官捐贈移植登錄中心主辦的「為器捐而跑」馬拉松活動。左一為時任財團法人器官捐贈移植登錄中心董事長暨健保署署長李伯璋教授。

李明哲身兼中華民國器官捐贈協會理事長，照顧捐贈者家屬是一大使命。他與器官捐贈者的母親見面，並送上捐贈協會製作的「愛的回憶寶貝盒」，將大愛器捐者的生命回顧與悲傷療癒，透過這個盒子盛載、紀念與轉化。

美國加州最大器官勸募組織 *One Legacy*（遺愛人間）執行長湯瑪士摩尼（Thomas Mone，左二）於國際慈濟人醫會年會期間，與慈濟器官移植中心李明哲主任（左三）、器官受贈者許仁傑（右）見面，交換心得。李明哲醫師也是仁傑的主治醫師。

在花蓮慈濟醫院的廊道上，特別設置了器官捐贈牆，感念每一位捐贈者，每片葉子寫上了捐贈者名字及其捐贈器官的符號，感恩其大愛。

2011 年，來自菲律賓的病患 Rosana，因為意外造成肝臟、膽管受損，曾經在當地接受十次手術治療，卻還是無法完全治癒，直至在花蓮慈院李明哲醫師的治療下，讓她恢復健康。圖為 Rosana 特地回到花蓮感恩李醫師，並送上小禮物。

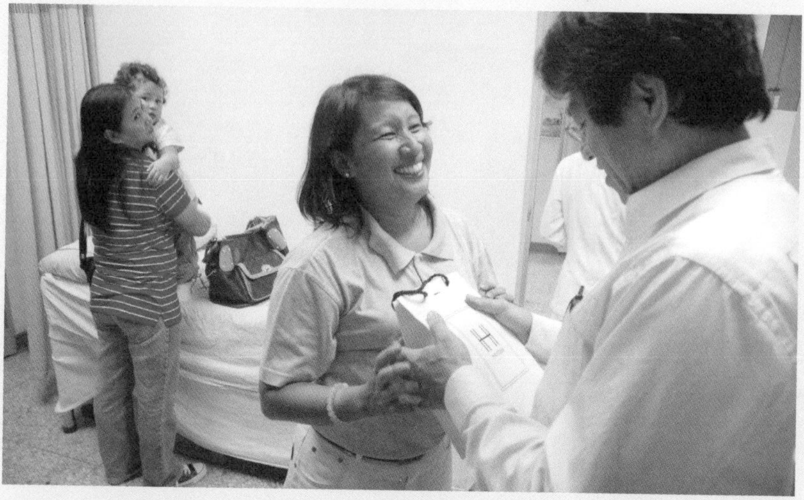

李明哲（右一）擔任慈濟大學醫學系導師，帶著學生一起參加活動。

李明哲曾參與花蓮慈院三次連體嬰分割手術。2003 年，第一對在花蓮慈院分割的連體嬰莉亞（Lea）和瑞秋（Rachel），右圖為分割前，姊妹腹部相連。左圖：她們的媽媽瑪莉塔（Marieta）對於李明哲及醫療團隊無微不至的照料，由衷感恩。

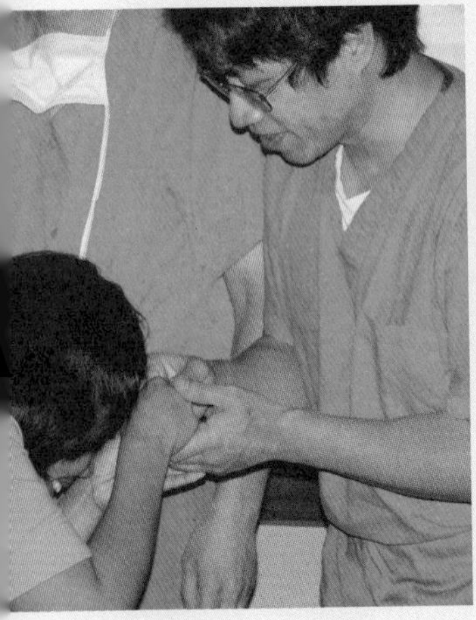

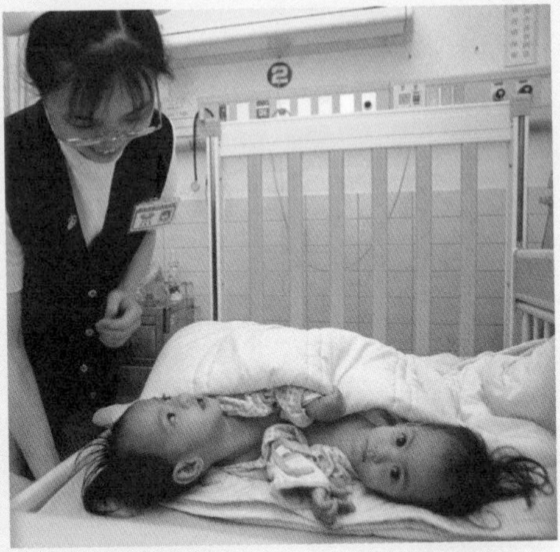

2019 年 3 月，李明哲利用到菲律賓進行國際醫學中心新南向業務視察的空檔，與當年的連體嬰姊妹莉亞和瑞秋在慈濟菲律賓分會合照，兩位女孩如今已亭亭玉立。

2010 年醫療團隊為菲律賓連體嬰玫瑰姊妹手術前，先製作了連體嬰模型來摸擬分割。左起：陳培榕副院長、李明哲主任、小兒外科彭海祁主任、外科部孫宗伯主任等醫師討論手術流程。

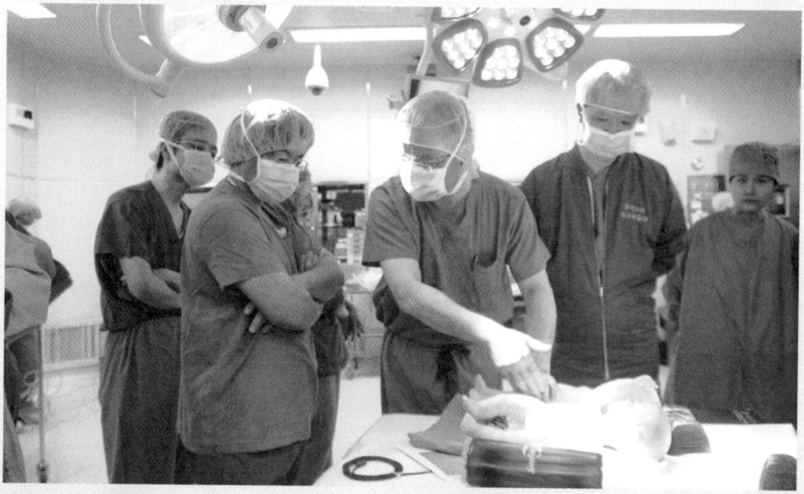

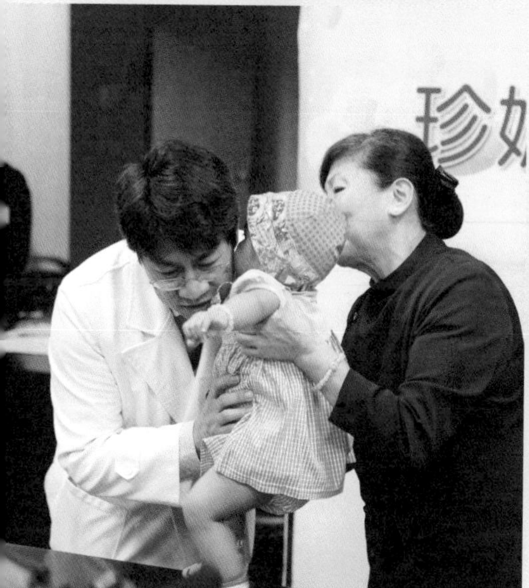

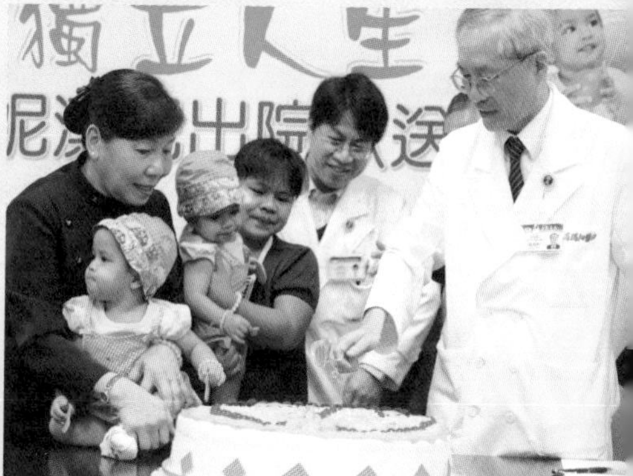

2015 年，菲律賓連體嬰珍妮（Jennylyn）與潔妮（Jerrylyn）完成分割手術，花蓮慈院舉辦出院歡送會。小姊妹親吻李明哲醫師的臉頰，表達感恩。右圖：時任花蓮慈院院長的高瑞和醫師（右一）與李明哲（右二）代表慈院切蛋糕慶祝。

九二一大地震發生時，李明哲（右三）跟著慈濟醫院團隊到中寮災區支援。

李明哲（右五）的第一次海外義診，獻給印尼紅溪河。他與醫護及志工抵達機場後合影紀念。

很少參加人醫會義診的李明哲，因為志工吳維祥一再邀約，有幸在吳維祥生前首次參加，到臺東縣海端鄉武陵社區義診。圖中站於佛教慈濟基金會布條後方者即是他與人醫會前總幹事吳維祥。

慈濟大學醫學系學生即將參與東區慈濟人醫會臺東縣延平鄉義診，行前，李明哲醫師（老師）為參與往診的學生叮嚀注意事項。

# 推薦序——仁心妙手，讓遺愛重生

林俊龍　佛教慈濟醫療財團法人執行長

秋天，是個象徵收穫與感恩的季節，每年秋天，慈濟器官移植暨捐贈中心都會舉辦「感恩音樂會」，這是我每年必定偕同林媽媽（我家夫人）共同參與的活動，除了二〇二〇年與慈濟法脈宗門營隊撞期，實在難以抽身外，我已經連續參與了十多年。而這個感恩音樂會，背後最重要的推動者，便是器官移植暨捐贈中心主任——李明哲醫師。

花蓮慈濟醫院一九九五年成立了「器官移植小組」，二〇〇二年即開始在李明哲醫師的推動下舉辦「感恩音樂會」。學生時代就投入偏鄉醫療服務隊的李醫師，家鄉在臺灣東北角瑞芳，卻從住院醫師時期便自願前來花蓮慈濟醫院受訓服務、投入偏鄉醫療，光是這點就讓人動容。然而，更難得的是，他始終努力不懈地投入器官移植醫學，對臺灣東部的醫療品質帶來極大貢獻。

「器官移植」可說是二十一世紀醫療進步的最佳指標，怎麼說呢？醫療的進步是一個層級一個層級往前推進的，從抗生素的發明、無菌手術的發展到器官組織配對與移植，每個關鍵性的突破，都需要整體醫療能量的層層推進。

而在醫療上，我們也常把器官移植當成一所醫院的服務品質指標。如果一家醫院可以施行器官移植，表示這家醫院在各方面——包括感染科、免疫科、內科、外科、醫技、檢驗、藥學、護理等，都達到一定的水準，才有辦法施行器官移植，所以過去的醫院評鑑也曾把器官移植納入醫學中心的必要評鑑項目之一。

## 外科魂，柔軟心

李明哲醫師不只開刀醫術精湛，更帶領團隊從勸募端、捐贈端、移植端，一步步地建立起完整的器官捐贈制度和配套措施，也傳承後輩、教學相長。他個性率真、堅持，對醫學生、住院醫師乃至主治醫師也要求嚴格，因為他認為病人的生命非常珍貴。外科手術、移植手術，都是一場與時間的競賽，且賽程中不容許絲毫錯誤，因此不論是手術或術後照顧，如果醫師不夠仔細，是會被他盯得滿頭包、毫不留情地嚴厲指正的，這正是出於他在意病人、一心一意為病人著想的堅持。他也因此帶出優異的移植團隊，如今，活體腎臟及肝臟移植已成為花蓮慈濟醫院的常規手術，這幾年他也開始發展以雙重血漿分離術（Double filtration plasmapheresis; DFPP），加上術前使用抗排斥藥物之「血型不相容活體器官移植」手術，目前已完成五例血型不相容活體腎臟與一例血型不相容活體肝臟移植，病人復原良好，成果有目共睹。

更可貴的是，李醫師雖身為外科魂，卻有顆無比柔軟的心。他對器官捐贈者、對家屬的那份體貼、尊重與心意，正如書中所描述的，每當捐贈者進入手術室，李醫師會先帶著移植團隊表達感恩；手術結束後，團隊會仔仔細細地為捐贈者大體縫合、護理、梳妝。之後，所有工作人員圍繞在大體兩旁致敬與默禱，再推出開刀房讓家屬做最後的告別。李醫師也會親自告訴家屬，捐贈者捐贈了哪些器官、做出哪些貢獻，並再次感恩家人的大愛。

這些發自內心的禮敬與儀式，正體現了證嚴上人向來強調的「醫學人文」，而李醫師從未忘懷，移植醫學的核心，終究還是「人」，以人為本的醫學。因此每年的「感恩音樂會」，都有非常多捐贈者家屬、受贈病友回來參與，就可看出他所帶領的團隊是多麼受到家屬、病友的肯定。而這個音樂會不光是要感恩、紀念器官捐贈者，更要帶領受贈者健健康康的站出來，讓捐贈者家屬看見，他們家人的大愛已經得到延續，且讓另一個家庭重獲新生。

我每次聽到捐贈者家屬及受贈者的分享都很感動。因為知道醫療終究有其極限，器官移植卻創造出現代醫學的奇蹟，而要讓一個人的器官在另一個人身上延續並且發揮功用，最關鍵的，除了醫療技術外，還需要捐贈者與家屬的無私付出，才能成就。

讓我印象深刻的是，有一年的「感恩音樂會」上，一位來自西部的受贈者分享道，以前花蓮人是翻山越嶺到外地求醫，「但我卻是翻山越嶺來到花蓮求醫。」他說，他腹部開過很多次刀，臺灣北中南的醫院都跑遍了仍治不好，沒想到最後是在花蓮慈濟醫院做了肝臟移植，獲得重生。聽護理同仁說，這位受贈者每年母親節都會寫卡片寄到移植中心，請託中心代為轉寄給捐贈者的母親，就這樣持續了十多年。

我想，這都是李明哲醫師一步一腳印的努力與堅持所換來的成果。他從住院醫師開始，就在花蓮慈濟醫院接受訓練、栽培，也曾在慈濟支持下，前往美國匹茲堡學習器官移植，因此李明哲醫師可以說是第一位由慈濟醫療培育出來的外科教授，當然他自身對醫療的熱情與不斷主動追求進步，更是他能達到如此成就的重要特質。

他帶領團隊在花蓮開創並推動器官移植醫學，所展現的整體成果，絕不亞於臺灣西部，甚至有過之而無不及，更大幅提升了東部的醫療品質，這是他對臺灣東部最大的貢獻。人在偏鄉，卻能撐起一片天，很不容易，我非常榮幸能為他書寫序文，相信諸位讀者必定也能從中獲得啟發。

# 自序——外科醫師的人生修煉

李明哲　花蓮慈濟醫院外科醫學發展中心副主任、器官移植中心主任

在我人生事業第一次低潮時，我的夫人蔡娟秀送了我一本書，那是由史賓賽·強森博士所著的《峰與谷》（Peaks and Valleys, Spencer Johnson）。在這本書中，這位外科醫師用他充滿啟發性的寓言故事，描繪出了許多我在那幾年中，似曾相識的遭遇、困難及逆境。而我的確在書中學習到如何與逆境相處，也學習到如何面對現實，同時和現實為友。我很成功的在逆境中快速的創造出下一個順境。

我的成長過程從來都不是一帆風順，在口述自己的成長過程時，我時常會下意識的隱藏了少許不為人知的身世，這或許是我從小就養成的自卑心理，深怕別人知道了，會用異樣的眼光來看我。然而面對自己的行醫之路，我卻有著一股雖千萬人吾往矣的勇氣，自我要求也無悔付出。在看著初稿時，自覺眼眶濕潤了起來，蔡娟秀說：「這就

是故事療癒的力量！」

我的「醫路成長」的確與花蓮慈濟醫院的器官移植發展過程有著緊密的連結，從早期在恩師簡守信院長的支持下至臺大醫院跟隨當代移植大師李伯皇教授學習腎臟移植開始，一路經歷美國匹茲堡大學醫學中心的肝臟移植學習之旅，乃至後來分別到日本京都大學及東京女子醫科大學附設醫院學習活體肝臟移植及血型不相容腎臟移植等肝腎移植相關醫療訓練，自己也不負使命將所有學習到的移植技術帶回花蓮，讓這項被譽為二十世紀末最重要的醫學發展，也能在花蓮慈濟醫院成為日常的常規手術，讓花東地區民眾共同見證慈濟醫院的醫療技術成長。

多年來從事器官移植工作，深感這類工作之不易，除了需要大量的醫療人力設備投入外，更需要將這項複雜的醫療工作流程標準化，以便有效率的執行移植相關事務及醫療照護，讓移植病患能獲得最佳的醫療服務品質。所以從一開始，我就著手制定了許多移植醫療相關的標準作業程序，並嚴格執行。也因為執行成效不錯，在我擔任一般外科及外科部主任期間，我也制定了許多有關行政及教學上的SOP，讓制度來管理外科部這個龐大的部門，也因此慈大醫學系及慈濟醫院能順利通過多次評鑑考驗。

在我從事的眾多醫療工作中，有一項工作經驗是最讓人難以忘懷的，那就是和器官捐贈者家屬的互動。嚴格來說，這項工作並不屬於我的工作範疇，然而因為器官移植的關係，使得我於很早期就投入了器官捐贈家屬關懷這件事情。和這些家屬互動，讓我不禁佩服這些家屬的勇氣及大愛精神，也讓身為醫師的我重新定義生命的意義，思索著如何讓有限的生命能無限的延長。

我們能幫器官捐贈者做的事情不多，只有努力好好地將移植工作做好，讓器官受贈者能再次獲得新生，好好的活下去。每年的器官捐贈「感恩音樂會」是我們對器官捐贈者一生一世的承諾，我非常鼓勵所有的醫師走出自己的白色象牙塔，進入另一個和自己工作性質截然不同但又有那麼一點關係的領域。你們真的會發現，醫療不再只是病人和醫師的醫病關係，而是處處充滿感恩、尊重、愛的醫療桃花源。

「以戒為度、用愛管理」，或許我無法像 上人如此大度，海納百川，讓所有的管理都帶有人情味及人性，但自律確實是我終身奉行的處事態度。希望藉由自己的行醫之路，能給許多不管在職場上抑或仍在人生目標上思索的醫師們，提供自我理想實踐的經驗，同時也為自己近三十年的偏鄉醫療服務烙下重要的註記。

峰谷法則是人生不變的道理，在我人生事業第二次低潮來臨時，蔡娟秀又送了我一本書《恢復力 RESILIENCE》（Andrew Zolli、Ann Marie Healy），因為她看到我這麼多年來的蛻變，處事漸趨成熟，或許不夠圓融但擇善固執，面對挫折也能迅速修正腳步，重新振作但不偏本性。她用這本書鼓勵了我，也安慰了我的心情，希望認識我的人也能對我有相同的感受。

# 楔子──二〇二〇

七月，花蓮很多天沒有下雨了，某日，如常炎熱的早晨八點，炙熱的陽光曬得地面發燙，慈濟醫院外的馬路上，沿途都是趕著上班的車陣；醫院內的手術室裡，如常的維持著低溫無菌，其中有兩間開刀房，正在準備一場腎臟移植手術。

這是早已經安排好的時間，一個年輕的女兒捐腎救父的故事。

捐贈的女兒正在十七號開刀房準備接受麻醉，受贈的父親則在第十一號，由手術室的長廊連接，一個在頭、一個在尾。外科教授李明哲醫師在兩間刀房間來回巡視術前的準備。

他其實已經二十四小時未闔眼，這是外科醫師如常的生活。從前一天晚上協助急診值班醫師，開了一個緊急的創傷手術，早上到門診看病人，下午開始，一位腦死病患捐出兩顆腎臟，因此連夜完成了兩例腎臟移植手術，嚴格說起來，這臺刀是這一系列馬拉松移植手術的第三例。

在第十七刀房的捐贈者，由器官移植小組成員陳言丞醫師負責摘取其中一枚腎臟，另一邊準備接受移植的受贈者，也就是女孩的父親，也正在由醫護人員進行前置作業。順利的話，摘取腎臟要一個多小時，然後在三十分鐘內送到受贈者的體內植入，從植入到完成，大約需要兩個小時。

李明哲除了掌握狀況，趁著這個摘取腎臟約一個多小時的空檔，他沒有先休息，而是抓緊時間，在十五號開刀房進行一個單孔腹腔鏡膽囊摘除手術。

手術前，他沒有任何儀式，不會在空中先行比劃下刀的姿勢、開刀房裡也沒有播放任何音樂。他自行走到角落刷手，然後走入開刀房，他拿出無菌布擦乾雙手，再由護理師幫他穿上無菌衣，戴上手套，每碰一樣東西前，他都會謹慎的問「乾淨的嗎？」他用腹腔鏡深入病人的腹部，將膽囊慢慢剝除、燒灼，每個動作都非常仔細再次確認，最後膽囊取出，總共只花了四十分鐘。

此時，十七號開刀房的陳言丞醫師摘除腎臟的手術已經進行到最後階段，李明哲過去確認後，馬上走到十一號刀房，接手進行受贈者的血管準備，以便稍後順利植入病患女兒捐出的健康腎臟。

對李明哲而言，開刀房是他最熟悉的地方、也是一個神聖之處，這項神聖的意義不是任何儀式或象徵，而是一個真槍實彈救命的地方。他從一九九一年八月一日到慈濟醫院報到，已經在花蓮行醫近三十年。年輕的時候，他曾經連夜的開刀，感受到體力耐力已經達到極限；有人說，他是東部最會開刀的外科醫師之一，然而，在醫療這條路上，他卻常常深刻感受到極限之外還有新的極限，有對現實的無奈、也曾有他救不回來的病人、當然更有他突破極限開拓的境界。

有時，他會回想剛考上醫學院時對醫師生涯的想像，會升起小小的欣慰甚至驕傲，發現自己做得比自己理想中的更好；因為，他真的很努力一步步地往前走，實踐自己的夢想、維持著初衷。而今過了三十年，他的理想之境還在遠方，但他知道自己仍非常努力，並且有實力，只要真心去做就能做到，因為他是李明哲。

# 第一章

# 東北角長大的孩子

**我生長在這樣的環境，**
**就已經認知到，唯有靠自己努力，**
**才不會被人看不起，**
**這也是一路支撐著我走到今天的信念。**

在臺北縣濱海公路開發前，東北角海岸的深澳灣內有一處天然的沙灘，因為風景優美，一九六四年由瑞芳鎮公所設立，成為當時北部唯一的海水浴場「瑞濱海水浴場」，那裡曾是一個小男孩的快樂天堂。

她的母親是臺灣電力公司的員工，父親是報關行員，一家人就住在深澳電廠的臺電宿舍。對幼年的他來說，深澳有海、有象鼻岩、有家人、還有各種有趣的事物，他在這個小小的地方生活非常開心。

後來北部濱海公路開通，沙灘逐漸減少，甚至變成路基，海水浴場消失了，他的童年生活也起了變化，無憂無慮的日子逐漸離他遠去。

李明哲是臺北縣瑞芳人，父母總共生了四個小孩，他排行老二，和哥哥以及弟弟各差一歲、與最小的妹妹相差八歲。李明哲的父親是家中的老么，上有三兄一姊，所以備受疼愛，個性一直比較浪漫而放蕩。李明哲有記憶以來，大都由母親持家，一直到他讀小學四年級時，父母最終離異了。他們家四個兄弟姊妹，老大和老三跟著爸爸到基隆去生活，他是老二，所以和最小的老四、也是唯一的妹妹跟著媽媽。

## 妹妹能不能**活下來**

李明哲的妹妹小他八歲，剛出生不久，父母就離異了，快兩歲時，妹妹又因為B型肝炎變成猛爆性肝炎，小命垂危，送到臺大醫院接受治療，使得他們的生活在父母離異之後更加辛苦。

在那個年代，猛爆性肝炎只有三分之一的機會能夠存活下來，而且醫藥費非常昂貴，所幸臺電公司可以讓母親申請無息貸款去治療妹妹的病。當時他看著媽媽每天在家裡和醫院間來來去去，超過半年以上，小學四年級的李明哲一個人生活、一邊照顧自己、一邊擔心著妹妹和媽媽。

因為如此，李明哲從小就非常獨立，或者說，他早已習慣一個人了；但這也是他第一次明確感受到：生病很辛苦。

後來，經過治療的妹妹終於康復了，成為幸運存活下來的三分之一。母子三人一起度過了一段快樂的日子，直到李明哲升上國中後，媽媽因為工作的關係調動到蘇澳上班，當時火車跟公路的交通都不方便，媽媽只能一個星期回家一趟，不在家的時間，媽媽會雇請一位幫傭煮飯給兩個孩子吃、幫忙清洗衣服，除此之外，大部分的時間，都是李明哲和妹妹相依為命的日子。十三歲的李明哲再次展現他獨立且獨當一面的能力，除了讀書、照顧自己，也要照顧五歲的妹妹，餵她吃飯、陪她睡覺，對妹妹來說，他是哥哥、也是爸爸和媽媽，所以他跟妹妹感情很親密，兩人有著深厚的革命情感。

國中時，李明哲就讀基隆私立二信中學，這是基隆第一所以升學為目標的國中。二信中學的前身是一個風評不佳的高中，後來這所學校被基隆第二信用合作社買下，二信為了打響名號，成立了第一屆的國中部，不但延攬許多補教名師，並提出就學優惠方案吸引優秀的學生，也讓學生的組成單純，當時臺電宿舍區很多家長，就一起將孩子送去讀二信中學。由於李明哲小學畢業成績優異，所以雖然讀的是私校，但他卻獲得用公立學校的學費標準優惠就讀。

李明哲的父母未離異前，對子女管教就很嚴格，但他從小就很愛玩，小學一、二年級時，常常考試考得很差，甚至還有一次是「倒數」。那次，他被父母拿藤條狠狠的毒打一頓，從此之後，李明哲的成績突飛猛進，一直維持在名列前茅。李明哲坦承：「其實是怕被打，才開始認真唸書。」升上國中之後，媽媽對他的學業要求依然很高標準，總是要跟上一次的成績做比較，少一分打一下。上一次考九十五分、這次考九十三分，就要打兩下，而且每一科都要累積，從此，他明白，自己是不論考得如何都會被打的命運。

其實李明哲是一個很愛哭的小孩，也很怕痛，每次被打他都一邊哭、一邊躲，直到有一次考完試，他還是被打，那一次他不再躲了，站得直挺挺的。媽媽就很訝異，為什麼不再躲了，李明哲跟媽媽說：「反正怎麼躲都會被打，我都已經考全校最高分了！」從此之後，媽媽沒再打過他。

當時基隆二信中學總共收了兩個班，一個班五十幾個學生，準備要考高中的時候，校方預估畢業生中，建國中學可以考上五人、北一女中也能考上五人。當時李明哲的排名在男生居於第六到第十名之間，沒有任何人相信他會考上建中，老師也跟媽媽說，他應該會上第三志願、頂多第二志願。

但高中聯招結束，原本好幾個名列前茅的同學失常，他卻變成一匹黑馬，考上建國中學，老師非常意外，也跌破大家眼鏡。但李明哲沒有什麼不可置信的情緒，同學曾認為他沒有那麼好，也不是很聰明，但他自認：「我很努力、很認真」。他從國中就自己規劃時間來念書，每天早上幾點鐘起床、幾點到幾點做什麼，全都照表操課。

李明哲自認記憶力很好，尤其是年輕的時候。因為家裡經濟能力不好，所以他沒買過參考書，都是撿同學用完送他的二手書，他就從參考書裡面自學。考高中的時候，他每讀完一本就丟到書桌旁邊，因此書堆得跟山一樣，每當他媽媽走近就問：「你那麼多書讀得完嗎？」他答：「我都讀過了。」媽媽又問：「要再讀的話，這樣找得到嗎？」他又答：「不要找了，我都記起來了。」

因此當大家對他另眼相看時，他知道自己不是靠運氣。「我始終認為我沒有很差、也沒有很不會唸書；如果真的跟天生腦袋極好的比當然比不上，但我只要認真唸就可以唸得好，其實那時候很有信心會考得上。」李明哲說：「因為我就是很厲害。」

回想自己的童年，他說：「我們這種單親家庭出來的，更不能自暴自棄，所以我不叛逆。也許是以前父母管得嚴，會打會罵，所以不敢做亂、比較守本分。但我生長在這樣的環境，就已經認知到，唯有靠自己努力，才不會被人看不起，這也是一路支撐著我走到今天的信念。」

## 口袋永遠只有五百元

高中考上排名第一的建國中學之後，李明哲開始到臺北求學生活，他借住在媽媽的朋友家，也開始了一天五百元的生活。

一天五百元的意思，就是如果口袋剩下兩百元，媽媽就會再給他三百元。但他是一個很節儉的人，因為知道自己只有五百元，就會盡可能減少開銷，甚至一個月也花不到三百元。

到了高中，開始發展出其他興趣。他想要聽ＩＣＲＴ，但是沒有錢買隨身聽或收音機，怎麼辦呢？他就是一個喜歡想辦法解決困難的人。建中的校舍靠近和平西路，常常因為道路聲音很吵，干擾老師上課，於是班上就買了一臺擴音器，方便大家聽得到老師的聲音。那時候的擴音器就是一臺收音機加上無線麥克風組合而成，這臺擴音器是事關大家上課權益的財產，絕對不能弄丟，不能放在教室中，必須有人負責保管。李明哲就自告奮勇，擔起保管之責，雖然每天不厭其煩的帶回家又帶來學校，但他也利用這樣的機會，可以不用買收音機、又可以聽到廣播，高中一年級，他整整保管了一年的收音機，那一年他每天都覺得很快樂、很滿足。那個時候的他，只要這樣就覺得很快樂、很滿足了。

高二的時候分組，他決定讀第三類組。

起因的確是自己的妹妹。妹妹在兩歲前的那場重病深深影響他，他親眼看到生命如此脆弱，母親耗盡金錢和精神，妹妹的小命才總算被救了回來。當時他就想，如果自己懂得怎麼救，媽媽就不用花那多錢了；如果家人生病了自己可以幫忙，也不用花那麼多錢了。另一方面，他也很感動於當時的醫師全力救治妹妹；李明哲想起媽媽之前常常回到家跟他分享，醫師怎麼照顧妹妹，並且一一詳實地紀錄下來。

母親是會計，負責管錢，擅長工整的紀錄，甚至有人威脅她做假帳，她都置之不理。所以妹妹住院時，媽媽會有詳實的日記，一天醫師會來一、二十個人，實習醫師後有住院醫師，住院醫師看了之後還有主治醫師，每個人都詳細的詢問，她被問得都煩了，有時乾脆把記錄直接給醫師們看。此外，媽媽還連連誇獎醫師很親切，小孩子哭鬧都不生氣、很有耐心……這些敘述，讓當時小小年紀的李明哲心裡泛起陣陣愛的漣漪，臺大醫院就是把妹妹救回來的地方，他覺得當醫師就是要這樣，要有愛心、有耐心、要不厭其煩。

一直到高中，他開始期待自己也要成為這樣的醫師，幫助別人，而且可以把人救活。

建中是一個自主學習的環境，李明哲入學之後，第一學期混合分班，他的成績尚可，還在前十名。到了二年級開始分組，總共三十二班；一到四班是社會組，五到十三班都是丙組，也就是第三類組，準備唸農醫；第十四到三十二班全都是理工組。一分班下來不得了，所有想要讀第三類組的同學都集中在一起，那時候李明哲覺得很辛苦，不管怎麼努力都讀不過人家，考試排名都只能在中間區段徘徊。那時候要考醫科，除了聯考之外，也可以應考獨立招生的國防醫學院，軍事聯招都要去教官室索取資料，他去報名的時候，已經看過多屆考生的教官直接跟他說：「你這種成績考不上，去報名也是白報！」聽到教官直白的回應，李明哲覺得失望又難過，但果不其然，他確實落榜了。

當年聯考，他考上臺灣大學的植物病蟲害學系，媽媽希望他能去就讀，但他跟媽媽說：「我要重考」。媽媽為難了一會後說：「重考除了要到補習班，還要在外面租房子，要花很多錢，我們家裡情況這樣，如果決定了就要認真，否則這些錢就白花了。」媽媽後來還是支持李明哲重考，也幫他報名了補習班，但這也是他第一次感受到母親的經濟很有壓力，那一次，他也真的意識到自己要認真，沒有退路。

## 苦行僧的**眼淚**

其實他也不是不認真，但他自知自己的能力到哪裡，知道以前自己並沒有將油門踩到底。重考那一年，李明哲每天過著早上六點起床、晚上十二點睡覺的規律生活。整整一年，除了吃飯、洗澡或必要的事，他全部都在讀書。

其實那時候他並沒有自信，重考的日子枯燥而且難熬，信心時時刻刻被磨損。因為要讀醫科，不但要和跟自己一樣的重考生再比一次，還要跟應屆有強勁實力的考生拼出高下，日子並不好過。還好那時候，他有位一起租房子的好朋友，叫陳宣志。他們兩人的房間相鄰，也是同家補習班。陳宣志已經重考三、四次了，他讓李明哲覺得這個朋友非常堅強，不屈不撓，無論如何都要考上醫學系；反觀自己，實在沒有這個本錢，所以必須一次考上。他們兩人結為好友，李明哲看出陳宣志總是想很多，苦悶時交女友，李明哲鼓勵他這樣不行，重考就是要認真專注，不能想太多。而後來他和陳宣志的發展，又是另一段奇妙的故事了。

補習班很嚴格，尤其要衝刺醫科的學生，如果學生沒有到班上上課，班主任就會打電話給家長。考前的三、四個月，李明哲決定要自己在宿舍複習，不到補習班了。媽媽接到補習班的電話，總會憂心的再打電話到租屋處，問他為什麼不到補習班，也心疼花了那麼多的補習費被浪費了。

沒有退路、勢在必得。李明哲用一年苦行僧的方式自律苦讀，臥薪嘗膽。聯考考完，他心想自己考得還不錯，至少排名最後一位的醫學系應該讀得到吧？就在每天又期待又怕受傷害的情況下，收到成績單了。成績單是直接郵寄到家裡，除了會列出考生每一科的成績之外，還會列出各科高標與低標分數，以及成績在總考生中的排名順位。

收到信的那天，李明哲真的是手在發抖、怕得不敢打開。當咬牙一打開，發現自己的全國總排名在第一百名左右，哇！真的考上了，可以唸醫學院了！那時候，他的眼淚不自覺地奪眶而出，而當時才十八歲的他，也才真的感受到自己的害怕，還有積累在心上沉重的壓力，終於隨著溫熱的眼淚釋放了。

一九八四年，李明哲如願以償考上醫學院，但發現媽媽得知後好像沒有特別高興，因為當時的他，並沒有想到醫學院學費很高、而且要讀七年，媽媽的經濟壓力很大。那時陽明大學招收的是公費生，畢業之後要下鄉服務，當時媽媽只輕輕地說了聲要不要考慮一下，年紀輕輕的李明哲心裡就覺得，還要多花兩年時間服務，應該要早一點賺錢才對。他心中的志願是臺北醫學院，歷史悠久、而且感覺「名列前茅的高手都是唸臺北的醫學院」。每次註冊，他都覺得媽媽壓力很大，於是從大二開始，他便去兼家教、自理生活費。

進入臺北醫學院後，李明哲發現學號前四十號的同學都是重考生，這裡臥虎藏龍，各種稀奇古怪的人都有。有差零點零五分就可以上臺大醫學院的，也有英文考個位數、數學考九十九分的同學，李明哲覺得新奇，反觀自己，反而是那個比較平凡、樸實的人。

# 永不錄用的**醫師**

我覺得我這種人，
不論在哪家醫院都會很優秀，
所以沒有差。

「我們家的小孩都很有正義感，應該是我父母的身教影響很大。我父母不佔人便宜，但也會計較，尤其對自己很計較，但如果是對比較貧窮的人，就對他們很大方。」李明哲說，自己從不叛逆，但崇尚公平正義，他對於不公平的事就是看不過去，非得起來發聲不可。

讀大學的時候，他第一次做了一件連自己都覺得很瘋狂的事。當時醫學院實習是兩年制，學校跟醫院簽約，醫學生六年級時就進入醫院實習，一直到七年級畢業。當時臺北醫學院跟北部某一家大型醫院簽約，大學最後一年、醫學系七年級的實習醫師理論上應該要在簽約醫院服務和學習，但因為這家大型醫院當時在臺北、基隆、高雄等地都設立分院，極需要人手，就將這群大七的醫學生派往高雄服務。院方原訂支援三個月，但當大家抵達高雄之後，卻又突然發出公告，表示派到高雄的實習醫師，再回到簽約實習醫院的時間未知。

大家並不反對實習醫師到各分院支援，但不滿的是違反程序正義，先斬後奏。每個到這家醫院實習的大學都派代表開會，希望跟醫院洽談，當時李明哲擔任臺北醫學院七十幾位實習醫師的代表，但院方態度強硬，身為代表，李明哲說服各校通力合作，才有力量。實習醫師們最後決定要「罷工」，集體行動，不管結局如何，好壞都一起承擔。

當時除了值班的人留守照顧病人，讓醫院不會開天窗，其他的人全都交出呼叫器，統一放到袋子裡，在院方實習的四所大學，總共包了四部遊覽車北上，李明哲代表所有實習醫師與醫院談判，希望院方能夠照契約走，不要出爾反爾，而且不能處罰這些人。那一次的談判很成功，扭轉了情勢，也讓每個實習醫師都能按部就班回歸正軌，同時院方同意每一家分院都獨立招收實習醫師，而不是私下布署，佔弱勢的實習醫師便宜。

「我真的很認真。我把每一件事都當成自己的事。」那是李明哲第一次覺得自己做了一件最有正義感的事，他要求院方可以懲罰代表，也就是他自己，因為代表帶頭，但不能懲罰這些爭取公平權益的人。

當然，這次的正義行動，他也看到人性，有的人會說支持罷工，但不在行動上表達。讓他感受到這些人躲在衝鋒陷陣的戰士之後避免受傷，但卻也想要享受努力爭取來的好處，他知道自己無法成為這樣的人。他相信自己的能力，同學也知道，所以同學們什麼事都會找他出頭，因為他出頭一定會成功。他也知道如果一個人的力量就是形單影隻，只有集體的力量才能促成改變。

經過這次事件，醫院也損失慘重。這家大型醫院一年需要四、五十位外科醫師，當年只有十個醫學生去應徵住院醫師，而且都是在外院實習的醫師，而當時在這家醫院實習的醫師，一個都沒有過去。

那個時候，李明哲心知肚明，自己已經被院方記下「永不錄用」的黑名單了，也因為這樣，埋下了他到花蓮行醫的契機。

# 第二章

# 會停電的東部

我真的沒想到
花蓮這麼落後！

李明哲第一次到花蓮，是他大學時參加了每年寒暑假都會到偏鄉做服務的「杏青康輔社會服務團」，例如義診醫療、兒少育樂營等等。

這時候，他也認識了同是服務隊的同學蔡娟秀，他讀醫學系、蔡娟秀讀護理系；他是一個從小辛苦長大的男孩，蔡娟秀則是一個從小被寵大的女兒。他們大一就認識，李明哲覺得這個女孩很漂亮、很聰明，又非常有自己的想法，兩人開始交往。

大一到大三，服務團在另外一個據點服務。大四的時候，李明哲接任隊長，想去其他偏鄉，而四處探勘。他在他的好搭檔蔡峰鈞（現任林口長庚醫院心臟外科資深主治醫師）建議下到花蓮探勘，那也是他第一次到花蓮。當時他們選定服務的地方，就是在秀姑巒溪的東邊，現在的一九三縣道上，從玉里南端沿著中央山脈往北，沿途有樂合、高寮、觀音、春日、松浦等部落的小學。他是一個北部長大的孩子，初到玉里，覺得這個地方真美，有著跟都市完全不同的景觀和人文風貌。

後來在這裡，「杏青康輔社會服務團」舉辦了兩次為期一年的服務隊活動，沒想到的是，很多年後，他再度回到花蓮，以住院醫師的身份在醫院裡工作。直到今天，他偶爾還是會想起，那時候的秀姑巒溪很乾淨，會看到西瓜在溪裡飄流，牛在溪邊吃草。

這段美麗的記憶，拉成一條長長的線，牽引著他與花蓮的緣分。就在他結束實習，因為抗議對實習醫師不公的事件而被醫院列為黑名單後，蔡峰鈞找他一起到花蓮慈濟醫院應徵外科住院醫師。

蔡峰鈞的舅舅是當時成大醫院某一個科的主任，他引述舅舅的意見，認為慈濟醫院未來的發展潛力最好。原來是當時教育部已經同意慈濟設立醫學院，在醫界人士心中，醫學院成立之後的規模、發展方向和未來的前景，都是很值得期待的，而且一定會需要很多的人力。

那時候的李明哲沒有考慮過這家醫院的規模大小，他只想應該要到有發展前景的醫院努力看看，加上他很喜歡花蓮的環境、慈濟醫院的理念，他就決定和同學一起來花蓮慈院應徵。

李明哲住在東北角，那時候還有「金馬號」客運，他想「那就坐金馬號到花蓮吧！」，從東北角出發，沿著蘇花公路就到花蓮了。結果，他搭了六個鐘頭才到花蓮，而且單線通車管制，那一回，李明哲第一次真實感覺得到花蓮的遙遠超乎想像。

他到花蓮應徵住院醫師的時候，面試官是外科部主任蔡伯文醫師，當時蔡主任跟他說，目前應徵者已經有六個人，但慈院只需要四位，他又跟李明哲說，他的成績是裡面最弱的，所以不一定會用他。

李明哲心想，「我不差啊，我是我們班第四十幾名，我們學校有一百六十幾個畢業生，也算三分之一強！而且你不用我，我還是有地方可以去。」後來李明哲和蔡峰鈞都接到醫院的錄取通知，他心裡還納悶，「不是說我分數最低，是不是別人都不來？」那時候他和蔡峰鈞、還有一位鄭敦仁醫師被錄取，他們就在慈濟醫院展開第一年住院醫師的生涯。

他在一九九一年八月一日到慈濟醫院報到，一九九二年一月和蔡娟秀結婚。一結完婚，老婆就飛到美國攻讀碩士，李明哲也覺得住院醫師是最忙碌的時期，這時候的遠距離婚姻反而是好事，彼此為了自己的夢想努力，他也可以不用擔心沒有時間陪伴妻子，專心的接受訓練。雖然李明哲來花蓮玩過，也因為醫療服務隊到玉里勘查過，但大都是到服務地點停留，真的搬來花蓮之後，他才驚覺「沒想到花蓮真的這麼落後！」

住院醫師是行醫生涯最辛苦的一段時間，第一年住院醫師訓練開始後，他常常要忙到晚上八、九點才能吃晚餐。醫院附近的明廉國小旁邊有一家「中山紅茶」，賣蚵仔煎、蘿蔔糕等等小吃，李明哲常常下班後去填飽肚子。有一次他騎著摩托車準備去「中山紅茶」吃晚餐，正騎到中山路上時，突然一片漆黑，路燈頓時熄滅。他心想難道停電了？「我覺得奇怪，住家都有電，怎麼路燈突然不亮了？」李明哲左張右望，「啊，原來九點到了，路燈會熄燈，表示九點後沒有人再上街了。怎麼會有這種地方啊？」他第一次覺得花蓮真的很落伍，都已經什麼年代了，不但什麼都沒有，路燈還按時熄燈，在北部哪有這回事！

## 我不要走

第一年住院醫師都住宿舍，當時也沒有自助洗衣店，所以衣服都要自己洗。跟李明哲一起住的室友是骨科第二年住院醫師潘永謙，還有比潘永謙大一屆的高振雄，三個人住一間。第一年住院醫師在醫院被稱作「R1」，大部分時間都窩在醫院工作，看病人、寫病歷、跟著老師學習。R1、R2是第一線人力，一個人一個月要值十三班，當時的值班不是只有負責病房，而是全院的外科只有一個人值班，急診、病房、加護病房，就連急診值班室打掃都是值班的那一個人，所以當時很辛苦。李明哲倒是覺得沒什麼，他認為要走外科，這種工作量很正常，老師工作上的要求他都接受，那時候人少，別人叫他做什麼他就做什麼。

有一次中午休息時間，李明哲回宿舍洗衣服，也打算稍微休息一下。衣服洗到一半就接到BB call（呼叫器），回電後，那一頭是一位主治醫師，開頭就問他：「你在哪裡？」「我在宿舍啊！」「你在宿舍做什麼？」「洗衣服。」「你不知道嗎？外科住院醫師是沒有在休息的！」這位主治醫師當場把李明哲叫回醫院，那時代的老師不需要解釋原因，學生也不會因為這樣就質問老師；他摸摸鼻子回到醫院，一個人坐在護理站，四周空無一人，大家都在休息。李明哲想一想，他拿出病歷開始寫，一天寫兩次，他寫病歷一樣非常認真，後來甚至寫到變成臺大醫院的範本呢！

李明哲實習時曾在北部知名的大醫院待過，所以到花蓮時，自然覺得慈濟醫院規模很小，但裡面的人還不錯。只不過，第一年住院醫師結束，他其實很失望，因為覺得沒有當初想像中的好。工作一樣很累，但是這家醫院規模遠比以前待過的醫院陽春太多了。以前實習時，要林口、臺北、基隆、高雄各家分院去跑，仔細比較，連最小的分院都比慈濟醫院更有看頭。

李明哲不禁懷疑，花蓮這麼小一間醫院，能夠訓練人嗎？待了一年，跟他一起來應徵住院醫師的同學蔡峰鈞說要離開，因為這裡並不像他舅舅講的這麼的好。蔡峰鈞覺得待在偏遠的東部，大概沒有辦法獲得想要的訓練機會，尤其他未來想走的次專科是整型外科，而那時的慈濟醫院只能訓練一般外科醫師。蔡峰鈞就問李明哲要不要一起走？

那時確實有很多人離開了，李明哲也懷疑自己在這裡能不能獲得良好的訓練，況且自己也不是沒地方可去，加上他又是離鄉背井到花蓮來的。

雖然有驛動的心，但李明哲是一個勤於分析找問題的人，或者說他不會衝動或感情用事，他做任何決定之前，總會先做足功課。他想起自己其實並不是一個很善變的人，從小不論念書或是參加活動，他都很認真，因為既然要參加，就要全力以赴！包括大學時參加服務隊，五年下來參加了十三梯次，當過四次隊長，帶著所有人全臺灣跑；甚至除了自己的主隊之外，還要支援另外兩個團隊出隊。他知道因為自己做事很認真，所以所有人都很信任他。

他跟太太討論很多次，沒有結論，最後他問了自己一個問題：「你為何而來？為何而去？你來的時候，這裡的環境就已經是這個樣子了，可是你選擇了它。你要走的時候，這個環境並沒有改變，可是你卻選擇了走，可見是誰改變了？」他自問自答後發現，「環境從來都沒有改變過，它的好沒有變壞過，它的壞也從來沒有變好過。其實是我們自己改變了。」

他繼續思考，R1這一年當中，老師們很認真教，他會被罵，但也學習到很多！當時外科系的老師包括蔡伯文醫師、簡守信醫師、趙凱醫師、趙盛豐醫師、何耀燦醫師（現於臺北慈院急診部服務）都很認真，後來陸陸續續又來了一些從臺大醫院訓練完回來的學長們，仔細想想，他不覺得自己沒有收穫。

「我不走！」當同學再次問他，他決定要留下來。其實當時，那個把他列為黑名單永不錄用的大型醫院，曾與李明哲聯繫要「挖角」，希望他能回去，也被他拒絕了。當時二十六歲的李明哲聽到證嚴上人說：「莫忘初衷。」他對自己說，不能忘記自己的初衷，如果忘記了，這個人還有靈魂嗎？不會有靈魂的。

的確，因為這樣的一句話，他留了下來，升上R2。當時的外科部主任蔡伯文醫師，也是錄取他的面試官，熱心地安排他到臺大醫院受訓，並帶著他去臺大醫院與外科部主任朱樹勳教授見面，獲得教授允諾在臺大學習。從此之後，從R2（第二年住院醫師）到R3（第三年住院醫師），開啟了李明哲每半年在臺大醫院、半年在花蓮慈濟醫院的輪訓生涯，不但讓他在技術和學識上突飛猛進，也讓他學到了許多受用一生的觀念。

# 赤腳醫生闖臺大

我並沒有比較優秀，我只是對自己比較嚴格。

李明哲決定到臺大醫院訓練後，他就設定好目標：到臺大的半年，就要專門的學習，看人家是如何做學問、如何照顧病人、診斷病人；回到慈濟的半年，就要認真的開刀，學以致用。

他清楚知道，當時在東部偏遠地區，要什麼沒什麼，常常被西部的醫院戲稱為「赤腳醫生」。所以到外院受訓，其實就像小媳婦，想要不被欺負，抑或能夠多獲得疼愛，自己就要認真。所以他非常認真，把一本外科教科書拆成四小冊，每天都帶一冊，利用空檔讀，這冊讀完就讀第二冊，所以每次臺大的學長們還有同事們看到他都說：「李明哲你逐工（每天）攏在讀冊？」「對。」他也總是這麼回答。

剛到臺大時，他常常被分到沒有人想去的缺，門診就是其一，他第一個月就被派去門診。

其實對資淺住院醫師而言，最困難的就是門診手術。住院醫師要負責登記以及開刀，每一件事幾乎都要獨立完成。在臺大醫院這種被醫界視為指標的環境中，教授有絕對的權威。資淺的住院醫師，總是小心翼翼、謹言慎行，深怕一不小心就會做錯事或得罪老師。門診的時候，教授在診間診斷，當有需要門診手術的病人，教授就會請住院醫師處理；術後病人再回門診讓教授檢視追蹤，如果遇到問題，就是負責開刀的住院醫師需要負責。所以當時的診間旁邊還會有一個小房間，會有一個焦頭爛額的住院醫師忙著排各種門診手術時間並執行手術，院方會派護理人員協助。

李明哲輪完第一個月的門診後，第二個月又是他被派到門診，他一個人一直待在那裡，心裡有點不高興，他想，我是來訓練的，怎麼兩個月都把我放在門診。但再轉念想想，也無所謂，所以他還是認真的做好自己的事。

儘管盡力做好自己的事，但總是會碰到很難的挑戰。有一天，教授在門診轉來一個病人要做門診手術，病人的手上長了一個很大的血管瘤，很難以局部麻醉的方式在門診處理好手術。護理人員一看就驚呼：「嗚！這要怎麼開啊？」李明哲說：「沒辦法，先生（老師）排的！」但他心裡想：「我就是有辦法！」當他處理完畢，這位護理人員問他，「你怎麼會這樣開？」李明哲第一個反應是，「不對嗎？」護理師說，「我們臺大沒有住院醫師會這樣開。你是哪裡學的？」李明哲回：「這些書上都有教啊！」資深護理師只回了一句：「這樣你的程度真的很好！」

當這位資深護理師問怎會這樣開刀的時候，李明哲突然嚇了一跳，以為自己做錯了什麼，後來才知道護理師要稱讚他。原來病人的血管瘤很大，當醫師要手術挖掉一個腫瘤，腫瘤如果很大，就必須劃開皮膚後才能挖除，這樣處理的話，傷口就要劃得很長，通常要腫瘤三倍的直徑，才足夠打開取出腫瘤。

當時李明哲做的一件事，就是劃開皮膚時不是劃直線，而是做了一個S型的傷口，醫學上叫做Lazy S，意思就是很懶散的S形。傷口長度比劃直線來得短很多，但翻開的時候面積變大。

「其實我是學整形外科簡守信醫師的刀法，看他做過，所以我知道可以這樣做。」李明哲在花蓮慈院接受訓練時看過這樣的手術，但在臺大醫院的訓練環境，住院醫師不像花蓮需要各種雜項訓練，所以沒有人這樣做過，李明哲因為一個「Lazy S」一砲而紅，臺大醫院裡面都知道有一個花蓮來的住院醫師很厲害，這種大型血管瘤都知道可以這樣開。

但他也踢到鐵板過。曾經有一位病人，在腹股溝長了一個腫瘤，一位大教授門診時診斷為淋巴結，要安排門診手術。李明哲很老實，教授說什麼就做什麼，於是就為病人手術，但開刀開到一半，他覺得不太對勁，這個腫瘤看起來像疝氣、不像淋巴結。當下他就愣住了，覺得不能再挖了，否則會出事，他請總醫師幫忙過來看，總醫師一看，真的是疝氣，於是他就把病人傷口縫合起來，收治住院。

通常遇到這種狀況，病人白挨一刀，一定會很生氣，因為問題沒有解決，又白白的多出傷口挨痛，會覺得年輕醫師亂開，年輕醫師一定會被究責。還好當時的總醫師馬上跟病人說明，表明會請教授親自處理，並馬上跟教授報告，開刀後發現不是淋巴結而是疝氣，要請教授親自處理，教授感覺有面子，覺得「這樣就對了！自己本來就說是疝氣，不是淋巴結！」沒有追究下來，否則負責開刀的住院醫師，一定得承擔責任。

當時傻呼呼的李明哲，就是教授說什麼他就去做，後來很多護理人員跟他說：「沒有人這樣開！」李明哲非常訝異，「但老師都叫病人來跟我登記啊?!」「但你可以跟老師說不行啊！」讓一向照單全收、使命必達的他大吃一驚，「原來可以這樣拒絕！」但，他就是老實地依照教授指示，給他什麼手術，他都硬著頭皮開好開滿。那兩個月，他也因為執行了很多門診手術，認識了很多人，形形色色的醫師都會來看一看這個花蓮來的赤腳醫師，他們也都認識了李明哲這個人。

在門診訓練時認真，他終於輪到了病房受訓，他到了病房也很認真，病歷寫得非常好，他的自律就是當天的病歷要寫完、手術紀錄也要完成。

有一次在臺大的大講堂舉辦外科部會議，全科部的人員都要參加，總醫師會報告各項行政事務，最重要的就是醫院評鑑即將來臨，所以請各位醫師們病歷要寫好。當時總醫師拿了一個「病歷範本」要大家按照範本寫，當投影機打出示範病歷時，大家一陣嘩然，雖然名字被遮起來了，但每個人都知道那是李明哲寫的病歷。

還有一次也是在外科會議，一位大教授突然大喊：「李明哲是誰！誰是李明哲！」這位大教授是外科權威，他非常重視病歷，聲音大又嚴格，通常一叫人就是要罵人，常常臭罵住院醫師病歷亂寫。總醫師一見教授又叫人了，很緊張，馬上問教授有什麼事，他來處理就好。教授卻堅持：「沒你的事，誰是李明哲？」這時大家的眼光不約而同的集中到李明哲身上，他站起來說：「先生（日文的老師），我是李明哲，請問有什麼做不對的？」

當時要寫三份手術紀錄，兩份放在病歷裡面，這三份手術紀錄除了有簡要版，還有一個最終完整版的詳實紀錄，會在科裡面存留。所以一般外科會有一大本半開的手術紀錄本，要求規定每天開完刀就要手寫，三份都不一樣。

那時候這位大教授就拿著那本手術紀錄本，大聲問李明哲「你從哪裡來的？」李明哲心想：「完蛋了！會不會被罵死，以後慈濟醫院的住院醫師可能不能來了……」於是非常害怕的回答了：「慈濟醫院……」，這時候卻聽到教授大聲說：「你們看看！你們看看！人家慈濟醫院來的醫生做到這個程度，你們連人家都不如！」

李明哲是在臺大醫院少數獲得教授稱讚的住院醫師，那些老師常常都以他為例，數落臺大醫院自己的住院醫師。老師會說，「連慈濟來的醫師都可以這樣子，你們在做什麼？」李明哲當時覺得，其他的醫師一定心裡很不是滋味，但他自己也覺得怪怪的……老師好像是在稱讚他，但又沒辦法直接講出他很優秀的話，聽起來比較像「從那種落伍鄉下地方來的醫師都可以這樣，在臺大訓練的醫師怎麼會被比下去？」

但他覺得不是這樣，以自己的能力和努力、還有上進心，本來就有實力待在臺大醫院。而且因為自己是外來受訓的醫師，對很多事情都很在乎，為了不被看不起，所以當然要認真，報告會準備得很充分、也很努力地去完成每天該完成的事情！

然而真的要說自己做了什麼很努力的事，他也覺得自己什麼都沒有做，「我只做了身為一個住院醫師被交代該做的事。」李明哲是今日事、今日畢的人，在沒有電腦的年代，手術紀錄要手寫三份、病歷一天要寫一、二十本，當時一位住院醫師要照顧十餘個病人，在開刀房跟刀從早跟到晚，下刀之後再開始寫病歷，準備報告，儘管如此忙碌，李明哲還是有辦法今日事今日畢，並且都做到讓人印象深刻。「我並沒有比較優秀，我只是對自己要求比較嚴格，凡是規定的事，我不會推諉，一定做完。」李明哲說，「很自然的，每天都爆肝，我一心一意想的就是，經過這麼嚴格的訓練之後，我終有輕鬆的一天吧！因為我總是會當上主治醫師！」

在臺大醫院，李明哲連續好幾次被老師、教授們稱讚，後來又發生了一件特別的事，也讓一群臺大的住院醫師，從不是滋味開始對他另眼相看。

李明哲在R1時，柯文哲醫師是臺大第四年住院醫師R4，他當時曾到花蓮慈濟醫院支援，李明哲跟著他開闌尾炎手術。闌尾炎是最基本的外科手術，當時由李明哲主刀、柯文哲指導步驟，非常順利的完成了！開完刀，柯文哲問他：「李明哲，你知道今天這臺刀為什麼開得那麼順嗎？」李明哲心裡想的是：「當然是我會開啊！」但嘴巴仍謙虛的回答：「學長，是您帶得好。」柯文哲非常開心的說：「沒錯，這臺刀之所以這麼成功，是因為我的意志透過了你的手來完成！」李明哲當時覺得好笑，但又覺得他講得也很有道理。李明哲說：「我是一個『匠人』，當時很多理論原理或許我不那麼懂，但因為他一步一步、一動一動教我怎麼開，透過他，這臺刀就『完美的完成了！』」。

也因為這樣，李明哲和柯文哲有了彼此不錯的印象。李明哲是一個非常有計劃的人，他醫學系畢業後，就設定自己R2要學重症、R3要走整形外科。因此當他R2到臺大醫院受訓時，他就想到加護病房學習重症，但因為他是外院代訓的醫師，院方並不會主動安排，他很積極，請學長幫忙詢問有沒有機會。那時候柯文哲醫師是第五年住院醫師R5，擔任加護病房主責醫師，李明哲因此就有機會，到加護病房整整工作了一個月。

他曾在加護病房裡第一次看到柯文哲做血液透析，李明哲心想，外科醫師還要自己做血液透析？現在做血液透析，會以俗稱「綠巨人」的儀器CVVH（連續性靜脈血液過濾，continuous venovenous hemofiltration）來做，但二十幾年前沒有這些儀器，李明哲就親眼看到學長柯文哲自己用幫浦組裝成透析儀器，覺得非常神奇。所以那一個月，因為重症病人很多，讓他在加護病房裡學到了很多珍貴的經驗，雖然真的很累，但是很值得。

對於自己會的，李明哲也不吝惜分享。以前要幫病人打中心靜脈導管（簡稱CVC, Central venous catheterization），傳統方式都是從鎖骨下方打入，當時有一個小病人需要打中心靜脈導管，加護病房護理師就請李明哲去處理。李明哲動作很快，當護理師發現他是從脖子打而不是鎖骨時，李明哲已經完成了。護理師馬上跑去跟外科加護病房柯文哲主任報告這件事，柯主任到現場第一件事就問他，「這是你打的嗎？」

「對呀！」

「你們慈濟醫院都這樣打的喔？」

「也不一定，偶爾會這樣打，這樣打比較安全。」

「那你怎麼打？」柯文哲再追問。

「就這樣打啊！」

「教我！」

那時候沒有超音波，醫師打中心靜脈完全憑手感，經驗技巧很重要，李明哲就教柯文哲如何從脖子打中心靜脈，而不是鎖骨。

李明哲說，其實從脖子打比較簡單又安全，一九九二年，在慈濟醫院，就這樣做了！

李明哲在加護病房內教學相長，而讓臺大住院醫師從不是滋味到對他另眼相看的事，也發生在這裡。

有一次，住在臺大外科加護病房的一個小病人拔管一段時間後，突然不能自主呼吸，需要緊急插管。李明哲是當班的醫生，他要趕緊急救，但護士希望等麻醉醫師趕到再做！他看小病人狀況不好來不及了，當場說「我來做！」馬上挑開病童的嘴巴非常順利地插好管。他正慶幸救回小病人一命，一抬頭，看到每個人都盯著他看。

「怎麼了？我有弄錯嗎？很順啊！」

李明哲不懂大家為什麼這麼震驚的看著他，原來這個孩子已經住在加護病房好幾個月了，從來沒有人插管成功過。其他人問他：「你怎麼辦到的？」他只說：「我沒有怎麼辦到的，我就是把管子放進去而已啊！」

他也沒有因為這件事覺得驕傲，他只是想，「這不是一個醫生都要會做的事嗎？」李明哲自認是非常穩定的一個人，尤其遇到緊急狀況，他很能穩住。當然，事後他歸納自己會有這樣的能力，有一大因素要歸功於在他在北部某大型醫院實習時的訓練。在當實習醫師（Intern）的時候，要照顧四十幾床的病人，必須十八班武藝樣樣精通，要會插管（endotracheal intubation）、會打中心靜脈導管（Central Venous Catheterization）、會插胸管、會開闌尾炎，他認為那時候的訓練真的是「放牛吃草」，但真心想學的人，就會學到很多，所以一路下來，李明哲自然就認為這些都是醫師的基本技能。

到了第三年，R3已經叫做資深住院醫師（senior resident）了，代表已經可以當教授或主治醫師開刀時的第一助手。當時，臺大的年輕主治醫師幾乎都沒有助手，他們也很少有可以執行手術的時間，必須等教授都開完刀了，才輪得到他們使用開刀房，因此這些年輕的主治醫師都要拜託總醫師安排人力。

年輕主治醫師都很忙，要唸博士（PhD）、還有很多科內的雜事要處理，當有手術時，他們都要求總醫師把R3的李明哲排給他們當第一助手，因為李明哲可以幫忙處理很多事情，他們只要在關鍵時刻掌握好狀況，其他的李明哲都可以處理得很好，完全不需要擔心。

因為這樣，李明哲累積了很多經驗，他認為，在臺大醫院累積了各式各樣的知識，因為有機會看到很多不同的術式，能夠持續的學習；而回到慈濟，就是技術的磨練，讓他努力將所學運用出來。

除了知識累積之外，李明哲在臺大學到更多的是與人相處的道理。臺大外科系有一個很重要的傳統，就是要尊師重道，還有認清自己的角色和責任。

每一個人都要對得起現在的位置，要發揮自己目前在這段時期的功能，學習應該達到的目標。那個環境會讓你知道，不要以為自己還有好幾年時間可以趕上；每個人在每一個階段，都有那段期間必須好好學習的功課，過了這個階段沒有學好，是自己的問題，沒有人能為你負責。

所以，每個人都應該在自己的位置上戰戰兢兢的學好、做好自己該學該做的事。這樣的態度，是尊重本來在這個位置、應該做這件事的人，任何人都不可以去佔用他的權利。

當然，這樣的觀念也落實在手術室裡，在任何醫療專業領域，都要尊重倫理與規範。譬如有一項手術，應該是R3要執行，R4就不能越俎代庖，規定得很嚴格，老師們就會親身示範這種典範。

李明哲的第一臺刀就是由一位年輕的主治醫師所指導的。當時的住院總醫師是R5，那臺刀除了主治醫師，還有一位R3李明哲、一位R1、以及一位實習醫師總共五個人參與。總醫師學長已經很有經驗，但想精益求精，什麼刀都想要自己動手，準備開刀時，學長就站在第一助手的位置。李明哲是R3，於是自動站在第二助手處等待上刀。

主治醫師一上刀，什麼話都沒說，先看看第一助手、又看看李明哲，接著就把李明哲叫過去。李明哲原以為主治醫師要他站旁邊看，沒想到主治醫師把主刀的位置空出來，自己走到第一助手的位置，並請總醫師移動到第二助手的位置。這臺刀從頭到尾，由李明哲主刀，主治醫師領著他開，李明哲感受到總醫師難看的臉色，讓他從頭到尾都覺得很尷尬。主治醫師說，這種刀是R3應該要開的刀。

那是李明哲第一臺主刀的手術，是一位胰臟癌的病人，但已經無法開刀治療了，手術的主要目的是要做胃腸道及膽道的繞道手術，他就在主治醫師的帶領下順利完成了。

當時第三年住院醫師就獲得開這種手術的機會很少，他獲得了很珍貴的手術經驗，但李明哲自認也沒有讓老師失望，他很穩當很順利的完成了任務。慢慢的，李明哲動的刀多了，越來越有自信，這些臺灣醫療第一殿堂的醫師們也認識他了。後來，這些醫師就開始派他去那些令人害怕、不想跟的老師、大教授身邊。

有一次，李明哲就被派去跟一位被稱為「雷公」的陳楷模教授的刀，由於該教授是外科權威，但因為他非常嚴格、很會「電人」，一聽名號就讓人聞之喪膽，大家都很怕跟他的刀。

當時大教授要開的是一臺痔瘡的手術。處理痔瘡這種手術在教授眼中是「不入流」的，但因為他對病人關心，病人慕名來找他，他還是會接受。當天李明哲就被指派去跟教授的刀，在手術室準備時，他環顧到整個開刀房是滿的，連總醫師都來了！

一切準備就緒，對學生很嚴格的陳教授，一上刀就對李明哲發號施令：「你開！」其實教授已經忘了眼前這位小醫師，是他曾經在科部會議上大力稱讚病歷寫得非常好的花蓮醫師，李明哲平撫一下驚嚇的心情，心想既然教授點名，他就拿起刀來開。原本李明哲對自己的「刀工」很有自信，開起刀來相當瀟灑，但跟著這位「雷公」教授開刀，身後站了一堆人在觀摩，他的手也開始發抖，非常緊張。

這時候站在他身後的總醫師故意消遣他：「哎喲，李明哲，你也會發抖喔！」他不敢回嘴，戰戰兢兢的想開好刀，但他學過的開法跟教授不太一樣，李明哲動刀不久，教授馬上斥責：「你幹什麼！這誰教的！」他心裡嘀咕：「我怎麼敢講！」只好恭敬的跟教授求教，教授馬上示範，「要這樣開就對了！」李明哲看到教授的刀法，跟他學的大不相同，但在這個醫療學術殿堂裡，他也接收到醫學領域的尊重師長、大家對知識的渴望，以及專業與傳統，新舊的交替與融合。

李明哲膽量夠、敢開又負責，很多臺大醫師不願意上的刀就開始叫他去，他都未曾推諉，也很樂意，後來有些別人的燙手山芋變成他的興趣，李明哲就曾被派去參加換肝權威李伯皇教授器官移植的手術，就此埋下他學習器官移植的契機。

# 向天借膽的憤青

臺大醫院的訓練，對李明哲有很大的影響，包括尊師重道的倫理、對疾病的看法、臨床處置病人的方法等等，但他有想法、年輕氣盛，在這個環境也很「衝」，常常挑戰權威，甚至鬧到教授叫病人告他。

原來那位教授開了一個破裂闌尾炎的手術之後，放了一根引流管要排出髒水，但引流管直接就放置在傷口上。

李明哲查房的時候一看傷口，發現不對，因為這個病人的闌尾炎是闌尾破裂造成的，所以肚子裡面都是膿水，把引流管放在傷口上，等於讓傷口直接泡在引流管流出來的膿水裡。

於是他趕快把引流管拔掉，但這下不得了，教授發現後，大發雷霆，把住院醫師叫出來興師問罪，總醫師一看情況不對，要李明哲趕緊先躲起來避風頭，但李明哲覺得自己並沒有做錯，本來就不應該把傷口泡在都是膿水流出的引流管裡。就在教授咆哮聲中，總醫師拉住李明哲，千叮嚀萬囑咐，千萬不能這樣直接跟教授講他做得不對，但李明哲心裡一股正氣翻騰，就站出來跟教授承認：「是我拔掉的！」

教授把他帶到病人面前，直接對病人說：「你的傷口之所以感染，就是這個住院醫師的草率、隨便處理，你如果要告他，我當庭作證，你去告他！」

病人一聽到主治醫師要他去告住院醫師，嚇一大跳，但這時候李明哲直接回應：「如果把引流管放在他的傷口上面，傷口就會一直泡在膿裡，就是這樣才感染！」教授一聽更生氣，總醫師在旁邊嚇得三魂七魄都飛走了，在旁邊拉著他直說：「李明哲，呵賠失禮（說對不起）！」李明哲卻站得直挺挺的，什麼話都不講，也因此得罪了教授。還好後來病人還是康復了，因為李明哲確信，引流管拿掉，傷口不會感染、自然就沒事了。當然病人也沒有向他提告。

後來當他冷靜下來，才發現自己真的是「向天借膽」，他只是一個小小的住院醫師，如果以後在專科醫師考試時遇到這位教授，一定必死無疑。但在那個當下，他的正義感卻壓不住跑了出來，他只覺得這樣做不對，他也不怕威脅，他很堅持「做正確的事」，也不願意妥協。

李明哲在臺大受訓了兩年，逐漸發現臺大住院醫師的訓練很傳統，跟鄉下不太一樣，臺大的住院醫師每天都要跟著總醫師，很少有機會跟著主治醫師做一般小手術，所以對於他們這些從鄉下來但什麼「旁門左道」都會的住院醫師覺得訝異。譬如李明哲也教他們怎麼放人工血管（Port-A implantation），因為這種算是「小刀」的手術，都是住院醫師自己處理，但臺大的做法跟李明哲不太一樣。李明哲的做法是花蓮的外科部主任蔡伯文教他的。蔡主任是心臟外科醫師，他們會把血管找出來再放進去，李明哲看過老師做，再自己看書精進，二十分鐘就可以開好人工血管，開得又快又好，李明哲無私地教給臺大醫院的住院醫師，後來他們也這樣做。

反過來看，李明哲也覺得從臺大醫院這群醫師身上學到很多，那裡各式各樣的病人非常多，讓他打開眼界，也看到大醫院處理病人的方式和態度。李明哲說：「我會做錯事，也出過很多事，我很感謝這些幫助過我的人，當年如果不是這群人這樣挺我、信任我，我早就懷憂喪志了！」

每三個月去一趟，他在臺大醫院和慈濟醫院之間來來回回，總共去了一年半，R4時，他回到花蓮，直到第五年住院醫師，他才再度到臺大醫院跟著大家都很害怕跟刀的李伯皇教授學習腎臟移植！

## 被澆灌的養分

過去我不懂、不會的時候，
這些人曾經一個一個慢慢把我帶起來，
光是這一點，就必須要感謝他們。

到了住院醫師第三年R3，就是要選次專科的時候了。通常R1到R3的訓練期間，會在各科之間輪訓，認識不同專科，李明哲到R3時，也要決定次專科了。

他曾在長庚醫院實習時跟著現任中央研究院魏福全院士的團隊學習照護顯微重建手術病患。魏院士將病人的腳趾移植到手指缺損的手掌上，這樣的手術技能讓他驚為天人，覺得非常了不起。在慈濟醫院，他跟著老師——整形外科簡守信醫師（現臺中慈濟醫院院長）等人學習，讓李明哲覺得整形外科的確有吸引人之處，所以他也想走整形外科。

但那時候，花蓮慈院沒有整形外科的住院醫師訓練名額，全臺灣很多外科醫師都想走整形外科，簡守信院長為了他，特地去跟學會爭取了一名容額，於是，李明哲成為慈濟醫院登記有案的第一位整型外科受訓的住院醫師。

李明哲在R3開始做了整型外科住院醫師，每天鑽研補皮、清創，半年之後，他跟老師簡守信坦白：「主任，很抱歉，整形外科跟我想的不太一樣，我真的沒有興趣……」他原本對整外的重建和各種技巧非常心儀，但實際去做，發現整型外科好像到京都吃懷石料理，要非常的斯文、精緻、小巧和細膩，但自己個性不是這樣，他喜歡虎虎生風、大刀闊斧、帥氣的開刀，所以R3下半年後，他就開始回頭走入一般外科。

一般外科領域很廣泛，加上當時在慈濟醫院，外科住院醫師人數很少，所有的外科手術，住院醫師幾乎都得上刀。包括跟著心臟外科開心、跟著神經外科開顱，對求知若渴的李明哲來說，訓練沒有差別，一樣都在外科體系裡面跑，加上那時候比較年輕，總醫師都會叫這群學弟去跟刀。

當時心臟外科沒有住院醫師，李明哲一路跟心臟外科的手術，從R3就開始做動靜脈瘻管，一直到R5都還在跟心臟外科的刀。當時成大醫院到慈濟來支援的腦神經外科醫師，也訓練他、帶著他開刀，他跟著做過三十幾例的開顱手術。李明哲回想，以現在的標準來看，他以前應該就是『被虐待』，但也因此累積了他強大的實力。李明哲說：「我後來在一般外科可以開刀開得那麼好，其實跟在整型外科及心臟外科的訓練都很有大的關係，他們給了我很多的養分。」

在第四年住院醫師（R4）的時候，李明哲再度面對來到花蓮後去留的選擇。當時慈濟醫院擁有很多外科人才，一般外科裡有七位主治醫師，但卻只有兩位住院醫師，如果每位主治醫師都進行手術的話，住院醫師幾乎忙不過來，訓練相當辛苦。由於當時年輕外科醫師斷層嚴重，學長升上主治醫師、但下面沒有學弟妹接手，所以只剩李明哲跟同事兩個苦命住院醫師值班，一個人要值十五班，他們沒有怨言。那時候雖然非常辛苦，但李明哲覺得自己從中獲得很多學習機會，所以他覺得很充實、很快樂。

但就在R4要結束的時候，一夕之間，主治醫師一次離開了五個人，R4是李明哲要考專科醫師的那一年，他得知外科部主任蔡伯文醫師也要離開非常驚訝，後來蔡醫師在離開前一個星期，仍是很有情義的詢問李明哲要不要跟他一起離職，也已經幫他找好醫院。那時候另一位住院醫師也決定跟著這批離職潮離開到臺中任職，讓李明哲感到孤單，非常猶豫，心裡一直想著離開這件事。

幾經思考，他自己再一年就要結束訓練，雖然很多老師離開了，但有一些老師還在，包括對他非常照顧的簡守信醫師、趙盛豐醫師等等，於是他回覆蔡醫師：「謝謝老師，我知道大家都有自己的規劃，我還是選擇繼續留在這個地方。」

原本做四年住院醫師後就可以升為主治，但後來院方改為住院醫師要做滿五年，李明哲也決定待下來做完。他告訴自己，就算多做一年住院醫師，也要把自己當成主治醫師的格局來做，別人不喜歡的、不敢接的工作他都接下來，就算當助手，也要全力幫忙。

但也因為這樣子，他幾乎十八般武藝樣樣精通。在第五年擔任總醫師的時候，有一天他被小兒科照會。原來是有一個出生才幾個月的小嬰兒打不上點滴，一定要放一根導管才能輸入輸液，所以想要幫這個小嬰兒做靜脈切口（cut down），只好照會外科，用手術的方法把靜脈打開，放入導管。

李明哲被照會來到小兒科病房，看到小嬰兒那麼小，如果要做靜脈切口，等於要把小嬰兒的血管取出，並放一根針進入，「光做這些動作，她的血管就爛掉了！」他問：「一定要這麼做嗎？」

小兒科的醫師表示，因為大家都試過了，真的沒辦法，無論如何點滴就是打不上，所以才找外科來想辦法。

李明哲覺得如果做靜脈切口，孩子實在太可憐了，於是他自告奮勇，請小兒科把打點滴的器具備好，由他來打。李明哲就坐在那裡，點滴針管細如髮絲，他就坐在那裡一試再試，試了兩個鐘頭，終於打上了。但那兩個鐘頭裡，他並沒有把小嬰兒脆弱的血管戳破，李明哲說，「我是很小心的，因為我願意去花那個時間。」

他到臺大醫院訓練時，也曾到小兒外科輪訓。在臺大小兒外科，如果病童需要打點滴輸液，是由醫師負責做靜脈導針置放（IV catheterization），而不是由護理師，加上小朋友打針時會哭鬧不配合，父母親都很緊張，常常會造成住院醫師很大的壓力。但李明哲每次去打ＩＶ，都是非常優雅的「一針就上」。

在他人讚歎的眼光裡，李明哲總是微笑說，「還好啦！」但他心裡知道，在五年住院醫師受訓的時光裡，他都朝著設定的目標前進，該學的都學得很認真、該受的訓練都很紮實，他獲得了非常充沛的養分，成長得非常強壯。他在心裡默默感謝一路訓練提攜他的師長，或許終有一天自己的能力有機會超越，但過去他不懂、不會的時候，師長們曾經慢慢的一步一步把他帶起來，光是這一點，就讓他終生感恩。

# 第三章

# 像樣的醫生

一九九六年，李明哲完成住院醫師的訓練，
成為一般外科最年輕的主治醫師。
他因為崇敬許多老師與前輩，
不計名利來到東部奉獻，
他也決定要「一卡皮箱」來到花蓮；
畢業後的第一份工作就是在花蓮慈濟醫院，
他是由慈濟一手訓練栽培出來的外科醫師。

慈濟教給他的是「誠正信實」與「莫忘初衷」，他也一直信守承諾，誓言要將所學全部奉獻給將生命託付給他的病人。「我鄭重地保證自己要奉獻一切為人類服務。我將要給我的師長應有的崇敬及感戴；我將要憑我的良心和尊嚴從事醫業；病人的健康應為我的首要的顧念……」

## 連體嬰分割

二〇〇三年，慈濟醫院迎來第一對連體嬰，是腹部相連的瑞秋和莉亞。他們是菲律賓慈濟志工在醫院訪視病童時發現的個案，女嬰父母因為貧困，沒辦法帶孩子就醫，當志工發現時，兩名女嬰不到一歲。當時小兒外科彭海祁醫師特地到菲律賓評估手術的可行性，這對小姐妹終於跨海到臺灣東部接受分割手術。

花蓮慈院為了這對連體嬰的分割手術，特地成立了專責的醫療團隊，結合了一般外科、小兒內外科、整形外科、麻醉科、放射科、檢驗科、護理部，加上慈濟醫院志工團隊，並添購多項檢驗與手術儀器以應所需。

由於臺灣的產前檢查非常健全，已經很少執行連體嬰分割手術，慈濟醫院更是首次做分割連體嬰手術，團隊都很緊張，也由於沒有經驗，剛開始不知道如何整合各單位，甚至有醫師公開質疑：「我們真的準備好了嗎？」。李明哲大膽建言，院方於分割手術前重新整隊，由張耀仁副院長領軍，小兒外科主任彭海祁擔任手術的召集人，彭海祁醫師委請李明哲擔當分割肝臟的重責大任。小姊妹胸腹相連，手術也需要團隊合作，因為二位小病人的姿勢是面對面且胸腹相連，包括如何消毒？如何插管？如何打點滴？如何麻醉？麻醉劑量如何調整？還要預估會有多少失血量、要備多少血袋？分割後二人所剩的皮膚是否足夠縫合？需準備哪些器械等等。而術後的照顧，也都跟例行的手術有很大的差別，必須重新設計，分割團隊也做了一對模擬的假娃娃，仔細的一步步演練。整形外科則以水球植入皮下，藉由逐次注射液體入水球，逐步擴張皮膚面積，等二個娃兒的皮膚撐到足夠縫合傷口的時候，也就是準備推進手術室分割的最佳時機了！

李明哲當時還是一般外科裡最資淺的主治醫師。他的妻子蔡娟秀也是護理人，手術前的一星期，從李明哲經常「人在心不在」的狀態，她就知道又有重大的手術要施行了。李明哲總是希望能做足萬全的準備，所以除了術前會劃出手術步驟，腦中也會不斷的演練，變得常常沉浸在自己的思考中，就算在夢裡，他也要做到有十足的把握才能放心。

可是，連體嬰分割他從來沒有實際參與過，在臺灣也沒有學習的機會，怎麼可能有十足的把握？胸腹相連的連體嬰，有可能會相連的器官是心臟、肝臟，甚至是腸道。還好，瑞秋和莉亞真正相連的部分是胸骨、心包膜以及肝臟。幸運的是，除了三處相連之外，他們各自擁有一套完整且獨立的器官，因此，手術最關鍵之處就在於分割相連的肝臟。從影像檢查上分析，兩女嬰能夠分得的肝臟各佔總體的百分之六十和四十，但肝臟裡面血管密布，手術時若一不小心就會造成大出血，死亡率很高，必須格外小心。加上連體嬰的血管相通，是一個生命共同體，如果有一方因失血過多或狀況不好、甚者若是喪命，體內就會產生毒素，造成另一位的狀況很快就會跟著變差。

從手術前的檢查影像上可以看到連體嬰相連的肝臟切面不是一個直線切面，而是彎彎曲曲的，這讓第一次看到連體嬰肝臟血管分布的李明哲一時不知道該怎麼下刀才好。但實際劃開這對小姐妹的腹腔後，才發現彼此間相連的肝臟血管雖然不是一條直線，而是彎彎曲曲，但在相連的肝臟表面有一條如同相連的心包膜一樣明顯的韌帶，他相信那條就是這對姊妹相連肝臟的中線。沿著中線切割，再將切面部分血管結紮，幸運的是，兩姊妹各分配到相等份量的肝臟，出血量也控制得非常少，這一次手術開得非常仔細，也相當成功。

這次分割，讓李明哲不得不讚歎造物者的神奇。之後在二〇一〇年，他也在召集人小兒外科彭海祁醫師的堅持下，再度加入第二對連體嬰的分割團隊，協助分割也是來自菲律賓臀骨相連的玫瑰姊妹。

一直到二〇一五年，距離首次分割連體嬰已經超過十年，慈濟醫院再次迎來第三對的菲律賓連體嬰：珍妮和潔妮姊妹，她們和第一對連體嬰幾乎一模一樣的胸腹相連。這一次李明哲已經當上外科部主任，由他負責統籌規劃，有了前面二次的經驗，術前不須勞師動眾，分割前只開了三次會議。由於連體嬰分割後會在同一手術室中，李明哲將執行團隊分成兩組，用不同顏色的手術帽區分負責倆姊妹的醫療團隊，執行手術的流程因此更順暢且避免錯誤發生。這次手術分割只執行四個小時，加上準備以及縫合等處理，安全送出開刀房時只用了六小時。當結束手術，有記者問李明哲，為什麼手術耗費那麼久的時間？他則回覆：「快慢不是重點，安全最重要。」從分割第一對連體嬰時的無知、沒有把握，讚歎造物者的神奇中，他也學習到分割的要點、團隊合作訣竅，甚至和肝臟移植、肝臟切除手術都有相通的道理，而連續接手三例連體嬰分割，慈濟醫院的外科能力、跨科團隊都被認可，他也成為臺灣分割最多次連體嬰的一般外科醫師。

## 凌晨兩點的**醫院風景**

當你有信心、毅力及勇氣後，
唯一剩下的就是意志力的支撐。
為什麼有這樣的意志力，
就是不服輸的精神。

二〇〇三年，慈濟完成第一例連體嬰分割，同一年，臺灣發生了嚴重呼吸道流行傳染病SARS（嚴重急性呼吸道症候群），讓醫療體系措手不及，嚴重的疫情導致許多民眾和第一線優秀的醫療人員感染而死亡，整體社會付出了慘痛的代價。

後SARS時代，為了要強化醫師的臨床基本能力，衛生署（現衛生福利部）提出了重整臨床醫師養成訓練改革計劃，臺灣興起了一股「畢業後一般醫學訓練（PGY）」風潮。

ＰＧＹ在國外的醫療教育早已實施多時，醫學生畢業之後，必須先在一般科訓練兩年，學習一般內外科臨床知識及技能，兩年後才可以進入次專科繼續訓練。臺灣剛實施ＰＧＹ時，先試行半年，接著延長為一年，然後跟上許多先進國家的腳步，現在醫學生畢業後必須接受兩年ＰＧＹ訓練。

醫院必須要成為ＰＧＹ的教學醫院，才能招募到源源不絕的生力軍，但首先得要通過ＰＧＹ教學醫院評鑑。評鑑項目包括計劃內容是否有依照規範實行一般醫學內科、外科的訓練方法和評估方式，評鑑委員還會訪談學生，了解是否有確實執行，並檢核政府給予的經費使用是否合宜。

二〇〇五年，花蓮慈濟醫院的畢業後一般醫學訓練教學醫院資格在醫策會評鑑後被取消（turn down），代表著慈濟醫院不能再訓練ＰＧＹ住院醫師，好不容易招募而來的ＰＧＹ住院醫師必須送到外院訓練。但是這樣做的結果風險很大，好不容易招募到的住院醫師，如果表現很優秀，就很可能被代訓醫院挖角。

當時院內士氣低迷，尤其是住院醫師招募不易的外科部。林欣榮院長亟欲振作，但教學醫院資格被拒絕，緊接著隔年又是醫學中心評鑑，評鑑事務讓醫院焦頭爛額，沒有人願意接下外科部主管這個燙手山芋。當時李明哲是一般外科主任，一般外科隸屬於外科部的其中一科，當時他雖然已經擔任九年的主治醫師，卻還是科內相當年輕且資淺的主治醫師。林欣榮院長懇託李明哲能否接下外科部相關的評鑑工作，一起讓慈濟醫院可以再次通過教學醫院和醫學中心的評鑑。

在院長請託下，他決定放手一搏，開始走訪外科系，但還是有人不願配合。然而，評鑑事務要有人管理，就必須深入所有科部去查訪、檢視病歷，才能了解如何加強，於是他去向院長「毛遂自薦」，希望能擔任外科部副主任，才能真正有力量落實統合各科，林欣榮院長欣然允諾，請他全力幫忙。李明哲說：「我從這一刻，就決定要將自己奉獻給外科部。」

慈濟醫院向醫策會提出畢業後一般醫學訓練教學醫院資格的申覆，但評鑑委員質疑，慈濟醫院找一個這麼年輕的醫師來當外科部副主任，是否真的沒有其他的人才與人選了？當時李明哲才剛滿四十歲，沒有任何教職，連講師的資格都沒有，充其量只是一個充滿熱情和熱血的主治醫師；但他對委員的質疑不以為然，他想，「美國總統柯林頓當選時也不過四十多歲，我四十歲當外科部副主任，有什麼問題！」。

但也因為評鑑委員的激將，讓不服輸的李明哲決定重整旗鼓、扳回一城。

他仔細地研究了慈濟醫院原本一般醫學訓練PGY的方法、內容、考核方式，發現跟評鑑的規範完全不一樣，彷彿是「化外之地」，確實應該改善。於是他利用各種人脈，包括去向醫策會擔任一般醫學委員的學弟仔細詢問各項細節，並且蒐集、學習各醫學中心的優勢，然後改良成適合慈濟的一套方法。

使命必達的個性，讓李明哲接下外科部副主任後，成立一般醫學外科病房，以便把整個科部和教學帶起來。他向林欣榮院長申請設置獨立的一般醫學外科病房共三十二床，將過去散置於各外科系的病人集中照顧，也一併讓PGY住院醫師獲得合於規定的一般醫學外科訓練。他研究各項條文、制定所有教學計劃，包括畢業後一般醫學訓練評估表、考核、學習護照、手術訓練、討論會、技能訓練、OSCE（客觀結構式臨床測驗）、迷你臨床演練與評量、以及筆試等等。

其中學習護照是不同指導老師對學生在其負責領域學習過後的指點提醒，可以讓學生回顧自己的學習狀態。護照最後有一個欄位是總負責人的結語評估，每一本護照的綜合結語都是由李明哲自己寫，不管再忙，他都把學生從頭到尾的學習狀況看完後給予評估，就這樣陸續寫完幾百本的學習護照。

改革醫療教育首先實施的，就是醫策會在一般醫學教育致力推動的考核方法「迷你臨床演練與評量」（Mini-CEX, Mini-Clinical Evaluation Exercise）。這原是內科系的評量方式，著重於臨床診療與評估，李明哲改良後也拿來外科部運用。其特色就是在短時間內由老師直接觀察學員的表現，同時給予回饋。時間約十五至二十分鐘，有學員、有真實的病人、有老師，在病房或其他臨床場域都可以進行。透過 Mini-CEX 的考核，老師可以得知學生在病史詢問、身體檢查、簡易技巧、判讀檢驗結果、處理病人狀況的能力，以及溝通態度與專業素養。外科部開始實施後，由教學部公告，各科也跟著一起動起來，依照這種方式來評估學生的學習成效。

外科系的臨床技術也有一套實作考核「操作型技能直接觀察評量」（DOPS ,Direct Observation of Procedural Skills），透過DOPS，老師可以直接觀察學員實際操作臨床技能的步驟及能力。譬如拔除外科手術引流管這個過程，會先徵得病人同意，由PGY住院醫師為病人執行，老師則在一旁直接觀察並評量整個過程，最後再給予學員回饋意見。

李明哲自己去做功課、看評鑑條文、參考過去的架構、工作職務，問認識的人怎麼做，他一個字一個字敲打成一份份有效率、有制度的計劃書，讓學生清楚整個一般醫學外科的訓練方向。

又譬如過去病房值班規定很模糊，是以值班人數多寡來取決值班數，一個人一個月的值班量大約在八班到十五班之間，每次照顧的病人數量則沒有規定上限。為了讓制度上軌道，李明哲給予明確定義，譬如值班接新病人數須介於八至十二人，值班數一人一個月以不超過十班為原則，另外，照顧的病人數在平日、假日的上限都寫得清清楚楚。

不只住院醫師，包括見習醫學生（Clerk）和實習醫學生（Intern）也都制定出工作職責和職前訓練，他甚至為了加強住院醫師的外語實力，找來顧問公司做英文訓練營，教住院醫師怎麼做英文的醫學報告。一般外科每個星期一的晨會個案報告，也必須用全英文報告，幾年間持續不輟。

那時候李明哲的太太還在美國攻讀博士，岳母幫忙他照顧兩名稚子，他日以繼夜，幾乎每天都獨自在辦公室奮戰到凌晨兩點，再拖著疲憊的身軀、走過漆黑的長廊準備回家。這條路他走了不下幾千遍，他最知道凌晨兩點時醫院是什麼樣的風景，他總是一邊走在寂靜裡，看著窗外黑暗中發出微光的天空，腦中仍在思考著下一步。他心裡唯一的目標就是幫醫院重新拿回教學醫院的資格，並通過SARS之後轉變的醫學中心評鑑標準。最重要的是，他希望所有在花蓮慈濟醫院的學生所接受的訓練不亞於其他醫學中心，不會覺得自己受到了次等的待遇。他看過臺灣數一數二醫學中心的訓練，他也很期待自己的學生可以接受這樣的訓練，希望將這些學生訓練成很優秀的醫師，不會像他當年一樣被嘲笑是鄉下來的赤腳醫師；他希望做到跟其他醫學中心相比，學生可以接受到相同質量甚至超越其他醫學中心的訓練，將來不論走到哪裡，都可以抬頭挺胸，拿出實力。李明哲說：「當你有信心、毅力及勇氣後，唯一剩下的就是意志力的支撐。為什麼有這樣的意志力，就是不服輸的精神。」

因為這樣的努力，就在沒有太多準備時間的情況下，花蓮慈濟醫院翻轉了原本的評鑑結果，通過了隔年的醫學中心評鑑，也拿回了教學醫院的資格。李明哲認為，自己在教學端最大的貢獻，就是制定了整個外科醫師訓練的常模，在這樣的架構下，讓每個外科系都能訓練好自己的學生，也適用於其他科別在這套訓練計劃上去修改，除了讓這個常模能架構在畢業後一般醫學的訓練，他也要求各部室，都要依此常模訂出訓練的方式，並且要符合醫學中心的規範。最重要的是，要配合自己擁有的資源，以此訓練學生實作能力，發展自己的特色。李明哲也因此與慈濟大學模擬醫學中心合作，開啟了模擬手術教學的時代。

## 全臺獨有的**模擬手術**

沒有做過的手術，第一次在大體老師身上可以慢慢鑽研；
已經做過了的，可以回到大體老師身上，
琢磨過去在病人身上開過的刀，
跟在大體老師身上開的方式有什麼不一樣，
有沒有可以改進的地方。

以大體模擬手術來訓練醫學生或新進醫師，是慈濟醫院的第一次，也是李明哲的第一次。

早期的慈濟志工、或是對生死觀念較為先進或淡然的民眾，為了護持醫學教育，生前便簽署遺體捐贈，立願在往生後捐出大體，供慈濟大學醫學系使用。通常大體會被使用於醫學系三年級的解剖課程，讓醫學生模擬解剖、理解人體結構，所以被尊稱為大體老師。早年遺體捐贈十分罕見，慈濟大學卻有幸獲志工的信任與捐贈，首開臺灣醫學教育之先例，由四位學生共用一具大體老師，給予非常高規格與品質的解剖學習。

日後大體捐贈風氣逐漸普及，慈濟大學也收到越來越多響應醫療教育而捐贈的大體，為了保有足夠儲存空間並增加利用率，模擬醫學中心的曾國藩教授提出了運用大體進行模擬手術的想法，讓實習醫學生及臨床醫師進行手術演練。利用大體進行模擬手術是非常先進的觀念，和解剖學不一樣。模擬手術使用的大體必須以急速冷凍及回溫的方式，讓大體的整體狀態和一般人體最為接近，同時因為沒有防腐，所以最快一定要在四天內完成使用。

當曾國藩教授提出這項提議時，並沒有獲得太多醫師們的回應，當時擔任醫學系主任的石明煌醫師便找到李明哲，詢問有沒有合作的可能性。李明哲覺得這是很好的提議，他年輕又正對教學充滿著熱忱，馬上聯想到可以把臨床開刀的術式拿來做模擬教學，譬如膽囊切除手術、胃切除手術等等。「我在當住院醫師的時候，都只能用動物來練習，以前沒有人體可以練習，甚至必須使用狗來先模擬一遍。」李明哲想起他為了要訓練顯微手術的能力，曾經在動物實驗中心犧牲過二十隻老鼠，將老鼠的股動脈一一截斷再接起來，觀察接完血管的老鼠腳部會不會缺血腐爛。

二〇〇二年五月二十六至二十九日，慈大與花蓮慈濟醫學中心外科團隊合作，為第二屆醫學生在畢業前舉行了首次基礎臨床技能及手術教學訓練，這是臺灣醫學教育史上嶄新的一頁。而第一次的模擬手術，就是由李明哲帶領，每位外科住院醫師都必須負責一個術式。所有的外科住院醫師須在術前就要先完成教案，說明術式如何進行、適應症、術前準備、學習成效等等，每個術式也都有老師一邊帶著做，一邊做學習成效評估，類似外科臨床技能評估DOPS的一環。由於大體老師獻身供年輕主治醫師、住院醫師和七年級醫學生練習模擬手術後，幾乎是體無完膚，李明哲便將醫學生的縫合考試排在最後一天，讓他們能親手為大體老師縫合，一方面表達對大體老師的敬意，一方面也能評估學生的縫合技術。

在慈濟，大體模擬手術是臺灣其他醫院或醫學院沒有的訓練，對臺灣醫學的影響深遠。「對我個人的影響也非常大，」李明哲說，「有很多艱深的手術，在人體身上不太有機會施行，就可以在大體老師身上試做。譬如肝臟移植，我都是在大體老師身上先做過才會去幫病人做。」另外包括切肝手術，以及治療十二指腸癌、胰頭癌、末端膽管癌等疾病的惠普氏手術，也就是「十二指腸胰頭切除術」，因為牽涉到的器官很多，有胰臟、膽管、胃部等必須全部重建，涉及層面包括肝、膽、腸、胃，技術上比切除肝臟還困難，這項手術被李明哲的學生稱為「外科醫師的聖母峰」。然而連如此困難的手術，都可以透過模擬手術的學習讓醫師精進，進一步讓病人受惠、受到保護。

所以李明哲認為，大體模擬手術對外科系醫師的臨床技能有非常大的幫助。面對從來沒有執行過的手術，如果第一次，可以在大體老師身上慢慢鑽研；而已經做過的手術，則可以在大體老師身上重複做一次，琢磨過去在病人身上開過的刀，跟在大體老師身上開的方式有什麼不一樣，還有沒有可以改進的地方。不同術式的大體模擬手術，皆有不同的層次與目的。因此在進行模擬手術之前，李明哲都會要求學生先想清楚、弄明白，知道自己這次為什麼要來參加大體模擬手術，要學些什麼。

花蓮慈院外科團隊與模擬醫學中心的首次合作大獲好評，並為大體模擬手術打響知名度。之後除了花蓮慈院，包括臺北慈院、大林慈院也都帶領醫師前來，各院輪流主辦。其後在擔任外科部副主任期間，李明哲也將模擬手術納入住院醫師的訓練計劃，作為慈濟醫院的訓練特色之一。幾年下來，李明哲不斷地又帶領外科部同仁做了好幾次模擬手術，並協助模擬醫學中心購置設備和器械，因為術式進化，模擬醫學中心的設備也更上層樓，最後更是進階到微創手術。當時李明哲為住院醫師規劃了三個階段的訓練計劃，第一階段是R1和PGY的外科基本技術訓練工作坊，中階為R1、R2「初階內視鏡訓練工作坊」，第三階段則是R3以上資深住院醫師的「高階內視鏡訓練工作坊」。

## 超前**部署**

我沒辦法忍受病人那麼信賴你，
我們卻提供一個非常危險的環境，
我寧願要求嚴格一點，也不要散漫。

要訓練擁有醫術和操守的良醫、維持熱情、讓各項事物上軌道，李明哲覺得制度化非常重要，才能讓人有所依循，明辨是非、發揮最大的效能。在建立制度上，他也是「提早部署」，譬如在衛生福利部佈達住院醫師一週上限工時九十小時之前，李明哲已經提早半年實施，讓慈濟外科成為全臺最早施行外科住院醫師上限工時的醫院。

在他當住院醫師那個年代，沒有所謂真正的輪班制，住院醫師的工時限制就是「無限制」，所以住院醫師沒日沒夜的值班，「暴肝」是他們的日常，他們常自嘲，「沒死就活下來了！」但因為時代改變以及對醫療人員的保護，工時越見重視，他也率先實施住院醫師工時上限，規定住院醫師每個月二十四小時的值班數最多八班，且不能連續上班超過二十八小時。住院醫師訂定值班上限後，值班空缺則由專科護理師補上，為獎勵這些配合值班的專師，不但提高專科護理師的值班費用，一次也只值十二小時。試辦施行一段時間後，廣為徵詢各方意見，他又向主管爭取住院醫師星期六上午不上班的「福利」。因為當時公家機關已經實施週休二日，但醫院沒有值班的住院醫師星期六還是要到院上班。經過爭取後，如果住院醫師星期六是非值班日的話，就不用再到醫院上班，偶爾也能享有週休二日的福利。

因為住院醫師值班減少，多出來的值班就必須由專科護理師輪值；但專科護理師沒有醫師執照，所以要派駐主治醫師一起在院值班。以前主治醫師只需要on call，現在則需要值班睡在醫院裡，因此李明哲又去幫主治醫師申請了在院值班費。當時很多主治醫師不願意配合，李明哲就自己將這些班都頂了下來，他在醫院過夜的時間增加，但卻意外的發現，每次在值班室睡到早上的五、六點時，常常會聽到醫院廣播「綠色九號」。綠色九號就表示有病人可能呼吸心跳停止，需要插管、急救、電擊或壓胸，因此呼叫院內醫療同仁前去支援。剛開始他不以為意，但每到清晨五、六點就響起的「綠色九號」讓他覺得很納悶，終於忍不住去找護理同仁問個清楚。他才發現，因為清晨五點多的時候，護理人員會再到每個病室去巡視病人一次，通常在那一次，他們就會發現病人出事了，於是就會呼叫綠色九號。

「這些病人之前難道沒有前兆嗎？否則怎麼會睡得好好的，一個晚上就心跳停止？」李明哲很不解，護理同仁解釋，這些病人先前都有狀況，也有通知值班醫師，但值班醫師處理的時候，病人的狀況還未達綠色九號的條件，但往往過了一晚到隔天清晨，就發現病人狀況往下掉了。

進一步了解這些在清晨發生綠色九號的病人，在早先時候值班醫師處理時會出現一些症狀，譬如喘、血壓低等，但每個值班醫師處理模式不太一樣，所以病人的病況也難以掌握。

在此之前，李明哲早已留意到醫療先進國家已經在實施「快速反應小組（RRT, Rapid Response Team）」制度，雖然醫院已有急救小組，但RRT的型態不一樣，是更超前部署。依據研究，約六到七成發生心臟停止的病人中，在心臟停止前大約六到八小時就會出現徵象，快速反應小組就是要在病人產生變化達到需要處理的標準時立即出動，讓症狀不要再惡化，演變成要必須急救的地步。

李明哲於是去研究文獻以及各國的做法，並向國外的醫護友人請益，如美國西雅圖華盛頓大學醫學中心的護理長提供了華盛頓大學的快速反應小組的工作手冊讓李明哲做參考。李明哲認為RRT是世界潮流，也是未來醫院評鑑的趨勢，於是他依據花蓮慈院外科病人發生急救的原因，將臨床警示系統內容調整為適合花蓮慈院的醫療環境，斟酌人力、床位配置等條件，將包括心跳、呼吸、血壓、體溫、尿量、意識狀態改變等等生理徵象設計成表格，由護理人員評分，開全院之先，在醫院內率先推動ＲＲＴ「快速反應小組」。所以，當護理同仁觀察病人，發現病人狀況達到條件時就可主動啟動通報機制，通知快速反應小組前來處理。

他考量要擔任ＲＲＴ的人員資格，一定要有充分經驗、又有能力處理急重症、而且會二十四小時待在醫院的人；而符合這個理想條件的人，在外科系中就只有外科加護病房的主治醫師。於是李明哲為這些主治醫師加薪，說服他們擔任顧問，參與這個計劃，擔任被徵詢者（consultant）。當護理同仁評估病人狀況並發現符合通報快速反應小組時，就會同時通知值班醫師和ＲＲＴ負責醫師來評估狀況。李明哲很清楚醫療人員都會有盲點，通常值班醫師會認為已經可以處理不需要通報，但就是鑑於值班醫師處理後，有一部分有生命危險的病人仍然沒有被發現，所以加入ＲＲＴ的意見，很可能兩方是完全相異的處理方式，反而更能點出盲點，翻轉治療方式，甚至救了病人一命。

因為很了解醫療作業的機制，李明哲很善於運用環環相扣的方式來解決問題，他請加護病房的主治醫師來擔任RRT負責醫師，除了借重他們處理重症的能力，小組醫護也同時承擔改善任務，讓病人更安全。「因為這些病人如果演變到需要急救時，也是要轉到加護病房照顧，所以提早知道並解決問題反而是好事。」他說，加護病房的主治醫師加入RRT，若能提早將病人照顧好，降低病人轉入加護病房的機率，就是減輕加護病房與護理人員的負擔。

開始執行RRT後，短短一個月內，呼叫綠色九號的比率就下降八成，成效卓著；當然，也同時降低了急救無效的比例。

如果在每個月外科部部務會議的例行報告中，發現通報RRT的比率很低，但病人死亡率卻升高，李明哲主任就會回顧這些死亡的個案，並檢討哪些時間點已經是符合RRT的通報和處理卻沒有通報，同時要求同仁說明並自我檢討。「我甚至會嚴格的說：這個病人因為你沒有通報而死亡。接下來還會在每天看到他的時候，就問他RRT的通報標準是什麼？若是護理人員沒有啟動，我也會通報護理部。」李明哲的認真、嚴厲態度常讓下屬和同仁招架不住，但卻同時讓每個環節都能上緊發條。

設計RRT快速反應小組，是他在行政領域為了提升病人安全和醫療品質而做，主要緣由，則是身為醫師的李明哲無法眼睜睜看著病人急救無效而失去寶貴的生命。「我沒辦法忍受病人那麼信賴你，我們卻提供一個非常危險的環境，我寧願要求嚴格一點，也不要散漫。」他認為，一位病人來醫院看病、接受開刀，通常是希望這些醫師幫他們開刀後可以挽回生命、恢復健康，但臨床上常常因為醫護人員延遲處理而導致病人死亡。而導致這個病人死亡的原因到底是什麼？對他來說格外重要，因為只要用心去解決，就可能救回病人一命。

# 打造有制度的**醫療環境**

大家都不喜歡私相授受，
那就應該制度化，
才能運作一個完整安全的醫療環境。

李明哲擔任外科部主任後，一心要打造有制度的環境，遇到不合理的地方就會改進。譬如加護病房的醫師因為臨床工作負擔太大而想離職，他就考量醫院的人事預算，並做醫師薪資的市場調查，為加護病房的主治醫師提高薪資並給予充足的人力，協助減輕負擔。但人力補齊了，李明哲就會要求他們做到應有的醫療品質，每個人都要做好該做的事，並嚴格執行。他要求每天要完成病歷，若沒完成就會詢問原因並請對方補齊，隔天再來，連續查訪一個星期。「或許不近人情，但有效率。」李明哲說，「SICU（外科加護病房，Surgical Intensive Care Unit）每年都得教學冠軍，我都對他們說，你們不拿第一名就是愧對我。」

後來他接開刀房主任，開刀房是兵家必爭之地，因為手術房間數目有限，但如何分配就是學問，中間牽涉到許多既定的潛規則。李明哲以前在北部醫學中心擔任住院醫師時，開刀房的使用順序都是教授用完資深主治醫師用，資深醫師用完才年輕主治醫師使用，以至於較資淺的醫師常常排不到刀房，總要去拜託排刀房的負責人，在拜託的過程中，他總看到許多人性和權力的運作。

他對開刀房的分配思考很多，醫院總共十七間刀房，全院需要用到這些空間的約有九到十個科。每個科不乏教授、資深醫師。該如何分配比較公平？有人說依使用時間來分配，但如果一位醫師不會開刀卻一直佔用開刀房耗時間也不公平；有人說讓最賺錢的科來用，李明哲心想，這家醫院豈不變成獨厚貴科營利之用？難道不需要照顧其他病人了？所以他覺得與其勾心鬥角，何不制度化。於是他又開始啟動自己的資料統合查詢系統，他去回顧文獻、計算各種資料，最後找到最好的方法後，寄給其他同仁看。當時雖然有一位晚輩看完他的分析後回覆他「我不願意浪費我的青春在這種沒有營養的文獻搜尋上，倒不如去寫我的SCI文章（升等論文）」，李明哲心想，沒錯，自己正在燃燒青春和生命在很多枯燥的事務上，但大家都是「明眼人」，都不喜歡私相授受，那就應該制度化，有制度才能運作一個完整安全的醫療環境。

後來經過投票，決定出開刀房的使用方式，只要有刀房空出來，就是按照排序流程使用，每個人在不同的時間、時段、不同的日子都有不同的排序，雖然很複雜，但是很公平。李明哲認為自己最大的貢獻，就是在兩年開刀房主任任期內，將制度建立起來，讓有將近三十年歷史的花蓮慈濟醫院第一次有條例分明的手術室使用規範。雖然有人不認同，但制度代表的是公平公正，「有人討厭制度，或許是因為想要操縱正義。」李明哲如是說。

因為他曾看過在缺乏制度下，而讓病人身陷險境的情況；他也曾經看過值班醫師擅離崗位，半夜病人出狀況時找不到當科值班醫師，由其他醫師幫忙處理。他認為在醫療環境中，最重要的就是人命，因此，每個制度、每件事都是為了病人安全而設計的。

他因此常常告誡住院醫師，不要去羨慕那些拿了值班費而在家睡覺的人，這樣自己會安心嗎？如果年紀輕輕就有這種想法，到了年紀大一定走歪。千萬不要以為那是福利，而毀了自己的一生。

他還做了一件事，就是整頓專科護理師的上班時數。他檢視專科護理師上班的時數後，發現有一些護理師，醫院可以欠假到正四、五百小時，等於他們多加班了四、五百個小時，但醫院有明文規定加班時數不能如此。

李明哲開始研究其中的奧妙，發現每月正常上班時數是一百六十多小時，但在預排下個月班表時，就會有人先排一百八十小時的班，等於已經預知自己下個月要加班。但通常超時會在月底才知道，而且在人力正常的狀況下，怎麼會超時呢？

原來有些人可能過幾個月要出國玩，或想要有長時間的休假，就想趕快累積時數，但李明哲是一個很務實的人，機構服務量有多少、值班係數、固定假期等等他都會知道，他全部算出來交給醫院，告訴醫院實際需要的人力，以此為標準來排班。

他花了六個月的時間讓專科護理師的時數回到正常，維持正負四十小時。當預排班表時，凡是已有正假時數的人，每月至少上一百二十小時且不可再正時數；負假的人，至少要上滿時數且最多不可超過一百八十小時。

常常有人向他反應，為什麼要把人事管理得那麼嚴格。李明哲認為，他做事不是為了自己，如果不管，其實是在消耗醫院的能量，對於這種事，他也不能妥協。

## 魔鬼教授

如果我是那個生病的人，
我會不會給我自己下同樣的處置？
如果回答是會，就放手去做！

「今天早上我去加護病房插中心靜脈導管的時候，看到一個病人身上放了一條導管將近三十天沒有拔掉，我問為什麼會這樣？理論上七天就要拔掉，最多放十四天，是我的錯嗎？」李明哲對著面面相覷的病房同仁們，沒人敢作聲。他繼續說：「一條CVC（中心靜脈導管），如果延後換，輕則感染，感染了導管還是需要拿掉，還要用抗生素進行至少七天的療程，跟還沒感染前拿掉、再扎一針的代價相比，真的是天大的差別，就不用說有可能是一條人命。」發生這樣的疏失，在場沒人敢說話。

李明哲認為，在臨床上照顧病人，就是團隊合作，不論是換藥、打點滴、開刀等等，每個人把自己的事做好，病人就會安全。所以他不希望醫療團隊中有人認為一點小事沒什麼了不起，不需要那麼介意，因為醫療上沒有差不多的事，差一點點就差很多。

不久前，在外科加護病房，李明哲曾對一位住院醫師大發雷霆。對醫療處置上來說，其實只是一件不太嚴重的事——住院醫師給病人輸血。

動怒的導火線，是前一晚他剛動完一個手術；病人因為後腹腔腫瘤，李明哲開刀為他取出一顆六公斤重的肉瘤，整個手術病人失血不多，約四百毫升。

手術很成功，但因為腫瘤很巨大，必須開腹才能取出，所以術後李明哲將病人收治在加護病房觀察一天。

手術隔天一早，李明哲巡視病房時，他把住院醫師叫過來問：

「你為什麼幫病人輸血？」

住院醫師回答：「因為病人血壓變低。」

李明哲又問：「輸血的條件是什麼？」

住院醫師：「血紅素小於七。」

李明哲：「那這個病人血紅素九，你為什麼要輸血，有這樣超前部署的嗎？」

住院醫師：「……。」

李明哲：「你告訴我一個理由。」

住院醫師：「……。」

住院醫師說不出理由，老師也開始忍不住脾氣。

李明哲：「要不你現在躺在床上，我幫你輸血！」

住院醫師驚恐看著他：「但我沒什麼事，為什麼要幫我輸血……。」

李明哲：「如果今天那個病人是你，你會不會幫自己輸血？」

住院醫師停了半餉才幽幽回答：「不會……。」

李明哲：「對！既然不會，你為什麼要幫病人做這件事！」

原來手術完的當天晚上，住院醫師發現病人血壓降低、尿液減少，但是腹部引流管出來的血水是乾淨的，住院醫師覺得病人缺血，就幫病人輸了四袋、總共一千毫升的血。

「如果今天問一個實習醫學生或住院醫師——現在有一位病人剛動完刀，血壓是多少，點滴有多少，經過幾個鐘頭，病人血壓開始下降、小便開始減少，病人引流管出來是正常的，請問你會先怎麼做？」通常學生都會回答：「可能要測中心靜脈壓是否有減少，如果有減少可能是缺水的現象，就會先幫病人補水。」「非常正確。」李教授這時會接著問：「補充水分之後，如果血壓還是很低，你會怎麼想？」學生回答：「我會想心臟功能是否有受損，需要去檢測一下。」

學生回答問題時對答如流，但回到臨床的時候，為什麼沒有這麼做？他生氣的點在於「你們為什麼會這樣治療病人？如果是對病人好，告訴我理由，我不一定會認同，但可能可以接受。」李明哲認為，很多醫療的處置過於草率，但處理草率可能有很多原因，譬如情緒不好、身體很疲倦、或是手上有更麻煩的問題要處理等等，都會是理由。但如果說不出一個理由的時候，就表示不用心、不用腦袋。

學生出發點是好意，但學生們常常會認為，「因為病人需要、我就給他」、「輸個血並不會怎樣？」但他的重點是：因為那個人不是自己。他察覺到很多人不曾思考，會不會這樣對待自己。於是他會反問，「沒關係，我幫你輸四袋血，你願不願意？如果你不願意，你為什麼幫病人做這件事？而且，病人在醫院是無法反抗的弱勢。」

他自己也曾經生病就醫過。他去看病、檢查，有時候會問醫師，為什麼要這樣處置？這時候他會看到，當對方不認識自己的時候，醫師的權威就會展現出來，通常會不耐或敷衍表示：「就是這樣，我是醫師！」；但當對方如果得知他是資深的醫師、甚至是教授的時候，馬上會變得非常客氣，然而，這種不對等的分別心，就是他無法同意的。

他深刻了解，病人一旦進入醫院，就是任由醫師「處置」，就算這位病人原本的身份是醫師，只要來到醫院，就是弱勢，無法反抗醫師的處置，而身為醫師，就有保護病人的義務。

他常跟學生說：「我今天對你們這個處置的不滿、我斥責你，並不是因為你們冒犯了我什麼、或是你們做了什麼觸碰到我的痛覺神經，以至於我很想罵你。我只有一個理由，你們為什麼會這樣對待病人？」雖然生氣，但他也清楚告訴學生他生氣的理由，「所以你們進行任何醫療處置都要跟病人說明，除非是在緊急狀態、或病人意識不清的時候，否則都應該讓病人充分了解。」

他要學生記得：「不但要視病如親、甚至要『視病如己』。未來要對任何病人做醫療處置的時候，只要想一件事，『如果我是那個生病的人，我會不會給我自己下同樣的處置？』如果回答是會，就放手去做！」

李明哲不論在手術室、或是教學上都非常嚴格。例如實習醫學生就觀察到，李明哲老師有位病人，有一天晚上因為跌倒導致SDH（硬腦膜下血腫），這是兩、三天內老師的第二個病人跌倒，也是護理站第三個跌倒的病人。李明哲隔天查房時發現病人跌倒了，馬上檢查病人的狀況，並將病人送加護病房進一步觀察。回到護理站後，他嚴肅的告誡護理人員要確實做好預防跌倒的措施，並告訴醫學生：「其實我很自責，病人接二連三在半夜跌倒，這不僅是大夜班護理人員的問題，他自己一定也有什麼地方該注意而沒注意、需要改進的地方。」他也拿何大一醫師對臺灣愛滋移植事件後所講的一句話：「有些錯誤可以被諒解，但是不能被原諒。」告誡這些醫學生，「很多過錯我們都能諒解它為什麼會發生，但我們不能原諒自己讓這件事發生，因此要記取教訓、戒慎恐懼、才能做到 Do no harm（沒有傷害）」。

如果在手術臺上，他會變成另一個面目。住院醫師綁線綁不好、雙手各拿一隻鑷子，他會一而再、再而三的提醒，到後來就是生氣開罵。「你們這些人，唸到醫學系畢業，當住院醫師，連一隻變形蟲都不如。」

變形蟲是一種單細胞生物，僅由一個細胞構成，可以根據需要改變體形，並通過吞噬作用進食，遇到危險則會縮回。雖然變形蟲是單細胞原生動物，卻有絕佳的學習能力。當它第一次不知道危險，要去包埋或是侵犯其他生物，那個生物或物質可能會反噬它，如果變形蟲被反噬沒有辦法忍受，就會死亡。一旦它活下來，它就有學習的能力，不會讓自己犯同樣的錯誤，因為它知道第一次存活已經是僥倖，它沒有第二次的機會。李明哲用變形蟲刺激住院醫師，告訴他們：「變形蟲之所以還能存活在這個世界，就是它從來不犯第二次錯誤，因為它只要犯錯就會死。而在手術臺上，每一次錯誤都可能導致病人喪命，所以絕對要記取每一次的犯錯，立即改正。」

「我們外科醫師任何一個處置的差池，就是一條人命。沒錯，就是一條人命。」他認為生命不像工廠作業員製造產品，今天疲倦做壞了，丟掉瑕疵品，明天再重作一個好一點的。身為一個臨床醫學教授、一位資深的主治醫師，他告訴學生，「或許你們認為，哪有治療病人不死人的？」但是，「或許你看過不計其數的病人死亡，但這些死去的人，都是他們親人的唯一。唯一的父親、唯一的母親、唯一的孩子。」他曾有過很深的感觸，驅使著他嚴格的控管執行醫療的安全，讓醫院的存在，是給病人一個沒有任何差池、非常安全的環境。

慈濟大學第三屆的畢業生陳言丞是李明哲的學生，從第二年住院醫師開始就跟著老師。陳言丞現在也已經是資深主治醫師，他回想以前老師的要求的確很高，但回頭來看，就會發現都有其道理，現在自己也變成一個嚴格的老師。

陳言丞說，以前最辛苦的是老師規定當天的照會單一定要當日完成，不能讓病人等，「今日事、今日畢」，這就是典型的李氏風格。

所謂的照會，就是內科醫師若診斷出病人的病因，如果需要手術治療的話，就會照會外科。陳言丞在R4時擔任總醫師，負責各科照會，同期又只有他一位住院醫師，所以他業務繁忙，幾乎所有的手術都要跟刀，往往開刀開到晚上九點，下刀之後可能還要安排隔天病人的檢查並準備手術、晨會報告等等，加上值班、排實習醫師班表、指導實習醫師的報告，忙得七葷八素時，看到電腦上跳出四、五張照會單時，就會覺得晚點再看吧，但一想到老師的臉，就趕緊再拿著照會單去病房探視病人和家屬、解釋病情，並安排檢查和開刀的時間。

晨會時，要報告近兩日準備手術的病人狀況，報告的時候要清楚明白病人手術的適應症、要會讀懂影像檢查，李明哲會隨時提問，答不出來當然就是被罵「回去到底有沒有好好讀書」，因此不是開完刀就沒事了，必須還要讀書、查資料，因為李明哲非常重視紮實的訓練。

陳言丞清楚記得一個故事，他從R3要升R4當總醫師前，學長就殷殷交待，「你的表現都很好，但其實最困難的，是當李主任站在你前面盯著你開刀，你還要能正常的發揮，這是你將來最需要克服的事。」陳言丞說，老師沒在對面時都覺得自己行雲流水開得很好，但當他在自己對面，就會開始開不好，加上老師可能會覺得哪些地方還不夠好，這時候就必須訓練自己在壓力下腦袋要清楚。

「老師的要求往往比較高，但這也是合理的，」陳言丞解釋：「譬如手術時控制病人出血。有時候一個多餘的步驟可能會讓病人多流一百、兩百毫升的血，但如果一臺刀多幾個這樣的步驟，累積起來病人不就慘了？」「他要求的東西如果都是我會的，我當然沒有道理當時做不好，若是要求我不會的，當然就是讓我把不會的學好變成會。」

陳言丞坦承，當住院醫師都很累，很累的時候就會覺得，做到六十分、七十分應該就可以了，但如果想到老師可能巡視病人時會提出的要求和問題，就是無論如何會想盡辦法做到九十分，而無形中，能力就這樣養成了。

「我們曾經宣誓過要為病人著想。」李明哲認為自己建立各項制度，初衷是希望照顧所有的病人。所以發怒通常都「對事不對人」，他不會指名道姓罵人，常常針對事件，會忘記做了那件事的人，但會記得那件事，他會提醒自己不要再犯。

他知道自己常常很尖銳，並不是循循善誘的老師，住院醫師、實習醫學生們不會喜歡他，甚至害怕他，但面對生命是不能有誤差的。

所幸，依然有學生明白他的用心良苦，也讓他在九十五年度畢業後一般醫學訓練被票選為「最佳教學主治醫師」、九十五年度慈濟大學醫學系票選「優良教師」、九十六年度至一〇四年度住院醫師票選「優良臨床教師」、以及九十七年度實習醫師票選「最佳教學主治醫師」。

他會有這麼深的感觸，是因為他曾經失去病人，讓他經歷很深的痛苦，所以他覺得學生或年輕醫師們不應該經歷他曾經歷的這些痛苦；病人或家屬更不應該。

## 失去病人

或許你看過不計其數的病人死亡，
但這些死去的人，
都是其他人的唯一。

李明哲升任主治醫師不久，他因為充滿幹勁、開刀技術獲得肯定，加上剛從國外進修回來，很多內科醫師會將需要手術的病人照會給他。他鋒芒畢露，對自己的技術有自信，也覺得病人將自己的身體託付給醫師，不該推辭病人，所以只要有病人需要手術他就全力以赴，他知道自己病人多，有一些異樣眼光，但他覺得自己有能力，只要不搶病人，不怕別人說什麼。

然而他剛升任主治醫師不久，第一次做切肝手術，就失去病人。

一位特地從臺東到花蓮找他醫治的肝癌病人。他為病人執行大肝葉切除，切除整個右肝。術前評估他做得很仔細，手術沒有流太多血，過程也非常順利，而且病人原本的肝功能並不算太差，感覺預後應該不錯。但術後病人恢復的情況卻不如預期的樂觀。病人一直產生腹水，發現是肝硬化，他不斷去尋找原因，每天查房十幾次，也去求教其他醫院的醫師，但是病人沒有好轉，李明哲每天面對守在加護病房外的病人兒女，他也用盡各種努力，但病人依然沒有好轉，最後逐漸肝衰竭，住院三個月後還是過世了。

這件事讓他非常難過，內心淌血。第一年當主治醫師，想到病人帶著希望從臺東到花蓮，開了這樣的刀，最後卻失去了生命。一直到很久之後，他才知道當時病人罹患的是「小肝症候群」，因為肝臟原本相當大，流進肝臟的血量平均分別流進左右肝，當把右肝全部切除後，血量會全部流進左肝，造成流入肝臟的門脈壓力太大，而造成小肝症候群，就會開始產生腹水、凝血功能異常、膽紅素異常，最後肝衰竭。

這件在自己手上非預期死亡的病人帶給李明哲很大的痛苦和衝擊，但他直到最後一刻仍努力地照顧病人，而令他最不能原諒自己的，是一個正在就讀高中三年級、十九歲的女孩。

這個女孩有一個良性、巨大肝腫瘤，李明哲收到內科的照會，他看過病人與檢查影像後，決定擇期幫女孩開刀；但就在決定要開刀的那個星期，李明哲的父親過世了，他必須要臺北、花蓮兩地跑。李明哲跟病人說，這個星期因為父親過世剛好不能手術，可能要等下星期、處理完父親的喪事才能開刀了。

當時這個女孩想要早一些完成手術，因為她很想回學校參加期末考。為了讓她能先切除腫瘤回到學校，因此內科醫師又照會了另一位資深醫師幫她開刀。隔週，李明哲忙完父親後事回到花蓮，發現原本一星期前就要完成手術的女孩卻還在等待手術。由於當時已經交由其他資深的主治醫師負責，他覺得自己不該再介入，當女孩推入手術房時，李明哲也去忙著其他的事了。

直到專科護理師打來電話，要他去開刀房。「你趕快去救她！」專科護理師急切近乎命令的要他去手術室，當他抵達的時候，手術室已經血流成河，四個主治醫師在手術臺上仍然無法止血，他還來不及做什麼，病人已經撐不住，在手術臺上漸漸地失去了生命。

這讓李明哲第一次覺得，自己沒有盡到行醫的責任。他想到十九歲人生才剛開始的花樣年華、一個並不是很嚴重會致命的疾病、一個想盡早完成手術回去期末考的高中女生，就這樣失去了生命，他第一次感到不能原諒自己。

他心想，身為醫師難道不敢得罪資深的前輩，就能眼睜睜的看一個病人死亡嗎？因為這個女學生的離開，他非常自責也心灰意冷，決定要離開醫院，他決定到鄉下去，於是他轉調到關山慈濟醫院。

不到一年，他又回到花蓮，遇到一位五十幾歲的病人，因為肝癌，切除了部分肝臟。病人術後出現黃疸，表示膽管可能在術中有受傷。如果完成切肝手術後一個星期，黃疸仍沒有消失，通常醫護就會提高戒心，因此這樣的情形，讓負責的專師非常緊張；但因為主刀的是一位資深主治醫師，在輩分分明的醫院裡，其他的年輕醫師不敢表達意見，專師私底下請李明哲幫忙。

黃疸持續，顯示手術後肝硬化或肝衰竭都有可能，在專師請求下，李明哲便主動幫病患做超音波檢查，結果發現膽管擴張得很嚴重，膽管擴張表示黃疸的產生不是因為肝衰竭，而是膽管阻塞。於是李明哲就把這個檢查結果向主刀的主治醫師說明，但資深的主治醫師並不理會年輕的主治醫師李明哲。

病人的黃疸越來越嚴重，他知道李明哲曾為他做過超音波檢查、加上李明哲的病人剛好住在這位先生隔壁床位，當李明哲巡房經過，病人總會順道問他：「李醫師，我現在怎麼樣了？」

李明哲不敢干涉資深醫師的病人病情，他覺得自己無能為力，後來病人真的情況越來越嚴重了，專師跟他說，「你再不救他，他真的會死！」李明哲去找以前醫學系學長，告訴學長他的情況沒辦法治療病人，於是經由病人提出轉院，他將病人轉到北部某醫學中心，拜託在當地任職的學長幫忙，為病人肝臟內擴大的肝管插管做引流。病人在北部醫學中心住院一大段時間後回到花蓮，掛了李明哲的門診，拿北部檢查的檢查影像給他，希望李重新為他手術。李明哲當時安慰他，因為距離手術時間還不夠長，開刀風險太高，等引流過一陣子再來做手術。

但這位病人可能之前延誤了太久才轉院，影響了肝臟功能，導致情況非常不樂觀，他看完李明哲的門診不久，有一天早上，專師打電話告訴他，家屬轉達病人已經在睡夢中過世了。

這是他第二次，覺得自己沒有幫到病人的忙。他沒有幫病人開刀，回想當時，「我應該要有勇氣，立即就幫他處理，做該有的治療，但我的確當時沒有這個勇氣。」他第二次發誓，再也不要做這種醫師。

再次失去病人，是一位日本工程師。蘇花公路改善工程進行隧道工程的時候發生工安意外，這位日本籍的工程師被工程車撞上，造成後腹腔大量出血，送到慈濟醫院急救。病人撞傷時骨盆骨折，所以送到醫院後由骨科收治，骨科醫師收治後發現病人情況並不穩定，加上後腹腔出血原因複雜，骨科醫師便詢問李明哲應該怎麼做比較好，李明哲覺得應該組成專案小組共同會診，一起照顧這個病人，病人才有機會。

骨科醫師每天去問他，希望他幫忙醫治病人，但他當時認為自己不宜再主動涉入骨科的治療，所以總回答「就是要組專案小組，你每天來問我也沒有用啊！」於是骨科醫師上報主管，希望組成專案小組，但獲得院方的回覆是醫院有加護病房、也有主治醫師，希望由骨科繼續照顧這位病患。李明哲當時，正遭遇被解除外科部副主任的職務，讓他非常沮喪。所以當骨科醫師來詢問他時，他只提出需要專案小組的意見，但並沒有真正介入爭取來積極的幫助病人，這位工程師最後還是離開了人世。

這是他第三次覺得，自己應該要幫助病人但卻沒有。李明哲很自責痛心，「如果這些病人的治療過程我有介入幫忙，或許他們都還有機會！」他覺得所有系統再好，都有可能逐漸陷入官僚化，但又不能怪官僚，因為自己是可以對抗官僚的人，只是當時沒有勇氣。即使他已經當過科部最高主管，依然沒有勇氣去挑戰，只因為當時的他很喪志。

這些失去病人的後悔和悲傷，總時時讓他想起，不能姑息、也不能給自己任何理由。當生命失去了，永遠沒辦法補償、沒辦法逆轉，沒辦法原諒自己，會讓醫者感到非常痛苦。為此，等到他後來再度當了主管、當了教授、擁有權力時，他總是對屬下、對學生要求非常嚴格，因為他認為，「他們不應該經歷我曾經歷的這些痛苦、病人更不應該。」

## 鐵漢柔情

儘管李明哲很嚴格，但其實他非常疼愛一起工作的夥伴和學生，而學生們清朗的眼睛，其實也將老師堅毅背影之下的鐵漢柔情看得一清二楚。

李明哲醫師對病人也是溫柔的。有一位學生就發現他常常看門診超過時間，卻總是對病人有耐心地詳加解釋。有一次只是病人的太太隨口說一句：「等他的事情處理好，再來處理我的。」李明哲馬上問：「你有什麼問題？」原來是病人的太太左腋下發現腫塊，疑似惡性，可能是之前的乳癌轉移。但病人太太上次做化療做怕了，想要先切除就好。儘管不是李明哲的病人，他還是仔細耐心的解釋，如果只是單純切除，並不是標準的治療，在治療上等於是沒有效果的，所以還是要正視這個問題，不能逃避。另一個學生則看到李明哲曾在討論室外面安慰一位坐輪椅的「阿嬤」，直到過了二十分鐘，仍是不厭其煩的安撫著他，也讓學生感到他真心對病人好，而且身體力行的實踐。

平常在學生面前一臉嚴肅的李明哲，偶爾也會展現他的「黑色幽默」。有一次他與學生們一起開刀，突然開口問學生：「你覺得軍人應該怎麼死法才是最光榮的？」

兩個學生嚇一大跳，其中一位回應：「要死在……戰場上嗎？」李明哲一邊開刀，一邊開心的回覆：「嗯！那外科醫師呢？」

學生們面面相覷，心想：「不會要死在手術臺上吧……」結果沒有猜錯，李明哲馬上說：「一位外科醫師，就是要死在手術臺上！」嚴肅老師突然熱情奔放的回答，除了讓學生有點驚嚇，也感受到老師體內一直澎湃的熱血和外科魂，學生發現老師願意將自己的青春都投注在醫學裡、將生命奉獻給每一位病人。「我對老師的恐懼，從第一天轉變成讚歎，最後變成敬仰，更變成了學習的楷模。」

而對同仁和學生的照顧，他也常從工作一路延伸到生活。一般外科主任陳言丞醫師就說，因為自己和太太都要上班，小孩常常沒人照顧，一直找不到適合的保母，沒想到日理萬機的老師得知後，還幫他去找保母，拜託他家以前的保母幫忙，讓他們非常感動。

其實手術臺下的李明哲很親切，他覺得同仁工作很辛苦，常常掏腰包請大家聚餐，慰勞大家。李明哲認為請客就要請大家平常沒有吃過的，所以常常所費不貲，李明哲也不會皺一下眉頭，覺得大家開心最重要。他也會幫同仁、幫學生爭取權益，他最常做的就是當談「薪」代表，幫大家爭取加薪和談判。外科加護病房曾經因為三位主治醫師覺得負擔太重而想離職，他擔任外科部主任後，將外科加護病房納入外科部管理，並幫忙加薪又給予人手，找住院醫師來擔任第一線支援並加以訓練，同時也找其他主治醫師來幫忙值班，減輕加護病房主治醫師的負擔。

然而剛開始找不到人願意到加護病房值班，李明哲主任就自己先承擔下來。後來科內有資深主治醫師表明不願意值急診和病房的班，李明哲在新的主治醫師加入前，他依然自行承擔，加上他原本既有的值班數，他除了行政、教學事務，一個人一個月值了十二天的班，每一次值班都是晚上八點到隔天上午八點，總共十二個小時，他未曾抱怨過。後來人力逐漸補齊，李明哲還是一樣與大家一起輪班，就這樣在加護病房值了四年的班。

非值班日的日子，半夜也常有值班醫師的求救電話，他總是一邊「碎碎唸」，一邊從床上爬起來「線上教學」。他的太太蔡娟秀總是跟他說，你就去吧，這樣講也不是辦法！於是，李明哲很快的披上衣服就出發，擔任最佳神隊友。

有一次，李明哲還實施「遠距教學」，也是半夜時分，值班醫師打電話給他，並將病人的狀況照相傳給他，他一看嚇一大跳，一塊C型鋼直接插入病人骨盆中，值班醫師不知該怎麼辦。當天因為颱風，火車停駛，李明哲被困在宜蘭趕不回花蓮，只好直接用電話遠距教學，一個步驟一個步驟帶領主刀醫師，病人就這樣被救活了。

這樣全心為病人、對傳授技術毫不藏私的醫師，其實是一位收紅包的醫師。

他收到的第一個紅包，是在北部某頂尖醫學中心。那時候他還是住院醫師，病人早已安排好，每個人都有「一份」。他以前只聽說過有主治醫師收紅包，身為住院醫師竟然也有紅包，他不知該怎麼辦，就去問學長，學長告訴他，「就收啊」，好像很自然。

那時候他覺得非常難以置信，這個曾激勵他考上醫師的殿堂，竟然會有這種紅包文化。但回到慈濟醫院當上主治醫師後，也會有病人「拜託」他收紅包。李明哲原本都是堅持不收，也曾經收下紅包袋，將裡面的錢歸還，但這些都不是最好的方法，病人也不見得能接受。有一次遇到一位病人，他雖然很認真且真誠的向病人保證，無論如何都會盡力救治，真的不需要紅包，但是病人就是不安、害怕，結果說不過李明哲，就當著大庭廣眾下跪，求他收下紅包。

那一次李明哲終於明白，病人或家屬面臨親人要接受手術是如何的害怕與不安。為了讓病人放心，他不顧眼光收下來，再三允諾會盡力幫他手術，病人的表情，有如放下一顆大石般的安心。

他後來覺得最好的做法，就是把紅包拿給護理長，請護理長等他進入手術室開刀後，再將紅包原封不動的還給病人家屬。李明哲覺得自己這樣很自在，彼此互相尊重；病人希望他收，他收了；但他也會讓病人知道，自己並不是為了這些才認真做事情，他只是完成自己分內的工作。就這樣，開刀前收紅包、進手術室後歸還，久而久之，病人就知道李明哲醫師不收紅包，也就不再送了。

醫師不收紅包，病人們開始尋找其他替代品來表達謝意。病人拿著番石榴來，問李明哲可不可以送他「芭樂」，李明哲說我最喜歡吃芭樂，讓病人感到滿足。對李明哲來說，不管病人是誰，他都會認真且盡全力地處理，這樣的方式，讓當醫師這麼久的他，覺得自己是一個像樣的醫師。

有一次發生了一件離奇事件。他開了一臺刀，是一個膽囊結石的病人，李明哲在開刀當下，發現病人的膽囊不見了！他一直做剝離，層層尋找，發現原來膽囊附近的位置有血管結紮的夾子，他心裡有個底，「膽囊已經被拿掉了」。李明哲走出手術室詢問家屬，病人是否有開過刀，家屬表示從來沒有，李明哲明白告知家屬，病人的膽囊不見了，家屬大驚失色，直說「怎麼可能，從來沒有開過刀膽囊怎麼會不見？」

李明哲安撫家屬，並跟家屬確定，「媽媽沒有膽囊了」，但他會繼續檢查，如果可以解決就會盡力解決。後來回手術室再仔細找了一遍，確實沒有膽囊，他就把肚子縫起來推出手術室照顧。

在床邊，李明哲和家屬及病人再確認一次，有沒有開過刀？他們斬釘截鐵表示沒有。李醫師再次請他們回想，有沒有在哪一家醫院做什麼檢查。原來上個月媽媽因為腹痛，他們找了外院的一個醫師幫忙做檢查，但病人依然斬釘截鐵的表示沒有接受腹部的手術。

病人因為結石卡在囊管裡面，造成膽囊發炎，其實在那一次的檢查，她已經被開刀了，外院醫師用腹腔鏡手術將把她的膽囊拿掉，但石頭就留在囊管裡，有少數人可能就會因為留在囊管的石頭而造成慢性疼痛，但因為傷口癒合得非常好，切口痕跡非常模糊，加上醫病之間沒有說明清楚，病人根本不知道自己的膽囊已經被切除了。

這件開腹取膽囊結石的手術，卻發現膽囊不見了，讓李明哲被院方檢討，認為他手術過程有瑕疵。李明哲認為要檢討就應該全盤檢討，因為病人接受過三位內科醫師診治並判讀影像都認定是膽結石合併膽囊發炎而照會外科醫師開刀，所以他認為其實應該檢討的是整個流程中為何沒人發現病人早已接受過手術。

事後，病人出院後回診，病人還是堅持沒有開過刀。李明哲耐心的跟病人解釋，她其實已經做過手術，下次如果還要手術，一定要告訴醫師，避免誤開。看完診後，沒幾分鐘家屬又進入診間，突然向李明哲一鞠躬，說了句：「醫師，謝謝你！」李明哲問：「謝我什麼？」家屬說，「從來沒有一個醫師這麼詳細的解釋媽媽的病情讓我們知道。」李明哲說：「這沒什麼好謝的，這是我應該做的，但是很可惜，我幫她開了她不需要開的刀，希望不要再有第二次，所以詳細的跟您們解釋，同時我也為之前的醫療人員，沒有詳細的跟你們說明，對你們感到抱歉。」

## 堅持走鋼索的醫師

如果我們每次把外科病人術後的死亡歸咎在病人本身的疾病、或是他的體質，那這些人根本不配做外科醫師。

醫治病人、為病人開刀治療，是醫師的責任，但不可能每次都會順利。李明哲就算竭盡全力治療病人，依然有病人往生，產生醫療爭議，有時候得坐上談判桌，但李明哲沒有被病人或家屬真正提告過。

李明哲說，年輕的時候，自己沒有被告的原因，不是因為自己理直，而是有其他家屬出面幫忙，這是他很感謝的地方，「他們肯為我這樣做，讓我覺得更有勇氣。」家屬會跟他說：「李醫師，雖然我們不是很滿意這個結果，但是你放心，我不會讓他們來告你的。」李明哲問為什麼，「這是一個基本的做人道理，你不是不認真啊，你那麼認真，天底下沒有人可以保證所有事情都是完美的。」

這對一位真心為病人努力的醫師來說，是一個很大的鼓勵，讓他覺得值得繼續做下去。

然而現在他的心態不一樣了，年輕的時候，病人的信任感不足，如果開得好就很好，不好的話就會失望難過；現在自己已經是一個資深且有能力、有技術的教授，與病人又是另一種不對等的關係。「就好像去大醫院給大教授開刀，如果開刀結果不好，好像也是病人自己的問題。」真的出事了，也不是術德兼備教授的錯。

知道是這樣的觀感，他會更嚴謹的看待病人的治療。雖然李明哲認為，病人不幸死亡，不一定都是醫師的問題，但他常常告訴學生或其他醫師：「沒有一個接受外科手術的病人是該死的，如果我們每次把外科病人術後的死亡歸咎在病人本身的疾病、或是他的體質，那這些人根本不配做外科醫師。」

李明哲認為，如果主刀醫師真心認為病人手術後不會好，為什麼還要做這件事？一定是決定這麼做的時候，心存希望，覺得手術後病人應該會好。後來的結果不理想或許有諸多原因，但絕對要了解跟檢討有沒有需要改進的地方，而不是把一切責任都歸咎在病人身上，如果有外科醫師面對病人的死亡是這樣的心態，他根本不配做外科醫師。

外科醫師就像走鋼索，手術結果不甚理想，產生醫療糾紛，有的人只要碰到一、兩次，就不願意再處理棘手的問題了。但李明哲認為，當醫師，不就是應該要處理這些棘手的問題嗎？難道只是處理小感冒？這輩子他對開刀的病人、執刀的手術，不管結果如何，從來沒有後悔過。若開完有好結果當然很好，但若開完不好，給他機會回頭再選擇一次，他還是會認為應該動手術。

有人說，或許給別人開就好，可以省下麻煩，「但我真的不這麼認為，病人就是因為很困難，才需要動刀，而我願意幫他開。」他認為這是醫師該盡的責任，也成為他日後走上器官移植的主要原因。

## 大師風範

老師一進手術室，拿起一把手術用剪刀，就把所有解剖結構分好，完全不用止血，鮮血瀰漫著，才十幾分鐘就把所有破洞都補起來。

花蓮慈院麻醉科醫師楊曜臨，曾與李明哲合作多起手術，他在臉書上以化名「理嗚輒」來形容並「抱怨」李明哲：

NAME

**理嗚輒**

花蓮慈濟醫院
外科醫師

特性▶

1. 擁有肝腎移植專科證書，為醫院器官移植小組召集人，也是造成大家痛苦的最大元兇與始作俑者。
2. 一生奉獻給花東的人民，從住院醫師開始就在花東工作至今，一生不斷精進，目標明確，絕不妥協。從無到有，親手建立器官移植團隊。

3. 培養後進，所有的壞習慣皆遺傳自此，為「神醫」的頭頭，徹夜開刀也不皺一下眉頭，在所有神經病醫師裡，此人病得最重。

4. 滿臉橫肉、脾氣火爆、難以親近，拿到手術刀之後，性格大變，罵人出自反射絕不考慮，私底下相處則可也……

5. 充滿鬥志、判斷果決、膽識驚人、醫術精湛！在下腔靜脈破裂之時，一片血肉模糊之際，還能在第一時間夾住出血的靜脈，完成不可能的任務，控制能力花東無人能出其右。

6. 泯滅人性，完全不顧他人感受，超時工作，虐待醫療人員，心中只有手術兩字。在醫療人力匱乏的年代，曾經獨自一人完成取肝、種肝，再接連獨自完成兩例腎臟移植，不須睡眠、無生理需求，也不顧其他醫療人員的肝指數多高。

7. 毫無邏輯感、近乎瘋狂，不知什麼叫作「困難」，明知不可為而為之，完成花東第一例活體肝臟移植，器官移植團隊日臻成熟，其功不可沒。

**總評** ★★★★★ 評為：留名青史

雖看起來是挖苦，但字裡行間卻是對他的稱讚和敬佩，還有整個團隊的全力以赴，尤其是李明哲驚人的醫術和意志力，似乎無人能出其右。

陳言丞也有親身體驗過老師醫術的「神技」和「神奇第六感」。

有一個長期受病痛所苦的病人，因膀胱發炎又罹患憂鬱症，於是拿了一把刀刺進自己的肚子裡自殺，送進醫院時，值班醫師發現病人將自己的十二指腸刺出四個洞，下腔靜脈也被刺破了。情況危急，值班醫師趕緊把洞壓著，急電李明哲，陳言丞也在旁協助。當時李明哲正在門診，接到電話後告知病人有緊急情況請門診病人稍待後，二話不說衝入手術室。因為下腔靜脈位於身體的背側，所以藏得很深，外科醫師要找下腔靜脈的位置，要將覆蓋在上面的器官分開、拉開，需要花很多時間；要找到一個血管的破洞，需要分出旁邊的小血管，加上血管破裂，鮮血會不斷冒出來，要將錯綜複雜的血管分好理好，才能把洞找到，尤其要找到最深的下腔靜脈更要花很多時間。但他們就看著李明哲一進手術室，拿起一把手術用剪刀，就把所有解剖結構包括十二指腸、大腸、小腸都撥開分好，鮮血瀰漫著，完全不用止血，一點點視野就可以開始做，十幾分鐘就一一將洞都補起來。

於是，病人自殺失敗，醫師挽救了一條寶貴的生命。

外科醫師獨有的敏銳度，也是學生敬佩李明哲的地方，當病人的狀況混沌不明時，他就會有個直覺「應該這樣最好」，譬如在加護病房，病人情況複雜、不明，他會指示「應該進去開刀」，或是在手術室遇到狀況，他會當機立斷，每次做的決定，事後都非常正確，讓學生相當佩服，覺得一定是他長期所累積的經歷，以及全心為病人設想的個性，才會有和病人相通的神奇第六感。

現在醫療雖然分科很細，包括乳房外科、大腸直腸外科、心臟外科……等，但這些科的大本營，其實是「一般外科」，這些專科醫師，幾乎都是一般外科訓練出來的醫師。陳言丞原本想走心臟外科，但後來進入一般外科。他說，一般外科在醫學中心裡面算是「苦工」。因為服務的範圍從甲狀腺、胃、十二指腸、大腸、小腸到肛門、所有肝、膽、胰全部包括在內，還包括移植、癌症病患。大部分的移植、癌症病人都是年長者居多，老人家身上常會多重疾病，甚至半夜急診到腹痛的病人，都算在一般外科的範圍，事情很多很雜，但並不是在健保或績效上看得出來。

但即使這樣，一般外科至今還是可以在花蓮慈濟醫院各科中做到前幾名的好成績，他覺得這是李明哲老師長期帶著他們默默做苦工，讓他們這些後來的學生相信，如果做事情的心態能像老師這樣做得很完整、很確實，就能培養出能力，有了這些能力，績效不好也是很難的。只是這段訓練日子很辛苦，必須自我要求，但走過這段辛苦砥礪的歲月，會感受到自我實現，心情會很舒坦。長期跟在李明哲身邊學習，陳言丞認為老師最厲害的地方，就是兩件事，一件是心胸，另一件是學習能力。

陳言丞說，他們這群學生，以前都是跟著老師學開肝臟，但後來開法都跟老師不一樣。老師的術式已經很棒了，在同儕裡面也是數一數二，但後來他去日本學，看到日本的大教授開刀，技術也是真的非常好，回來後，他便開始把好的地方帶進手術臺來做，「老師看我們用了其他方式，也不會覺得不好，甚至他覺得不錯的，也會跟著我們這樣做。」陳言丞說，這是他最佩服老師的地方，因為老師那一代的資深外科醫師，開刀手法都是很固定的，要改變幾乎不可能，像是挑戰權威。「但在老師身上不會這樣；就算他已經是教授級的醫師，也不會固守原有的方法，只要對病人來說是更好的方法，他也會跟著去學習改進，或學更新的回來，變成大家一起更好、一起進步。」

醫學不斷的進步，譬如大約十幾年前，肝臟手術就是需要不停的流血、不停的輸血，甚至一次失血一、兩千毫升都是非常正常的失血量。手術完後病人腹部會有一個大傷口，縫起來像賓士車的標誌。手術結束到加護病房，也還要輸很多血、等待病人逐漸康復，病人非常辛苦，醫護照顧病人也很辛苦。現在大多使用內視鏡，只要病人流了三、四百毫升的血，老師可能就暴怒了，覺得怎麼可以讓病人流這麼多的血。現在肝臟手術流血量很小，技術越來越好，術式越進化越理想。不但傷口小，腹腔鏡技術被外科醫師廣泛的運用，施行腹腔鏡手術是沒辦法伸手進去綁線，就只能用夾子止血或結紮，如果沒有一定的技術及知識，也是會血流成河而無法駕馭。「手術一直在進步，老師沒有停止進步；特別是他也會出去外面學，我們也會從彼此身上學到東西。」陳言丞說。除了老師沒有架子、與時俱進的學習能力，最令陳言丞最感動的，就是李明哲的心胸。

有一次陳言丞正在門診，大約上午十一點多，在診間就接到開刀房的電話，問他有沒有空能不能去開刀房支援一下。原來是李明哲在開內視鏡手術的時候，病人血管正在流血，因為他知道陳言丞內視鏡手術的縫合能力很厲害，就先把血管壓著，請陳言丞來幫忙縫合，讓陳言丞感動不已，「因為大家都在看，這對大部分的人都相當不容易，因為這牽涉到自尊心的問題，尤其他是我的老師，但因為他希望病人變好，對他來說，病人的生命最重要。」李明哲如此信賴自己手把手帶起來的學生，甚至當眾肯定學生青出於藍的成就，這是多麼大的氣度！

有一次在開外科部務會議的時候，李明哲主任對著大家說，「你們要知道，在座所有的人，都是醫學中心訓練出來的醫師，只有一個人不是，那就是我。我當年受訓的醫院不是醫學中心，但也不要以為在醫學中心接受訓練，以後就能平步青雲，所有的事情都是努力得來的。」他以自己為例，證明給大家看，只要認真努力，就能開出自己的一片天，成為一個像樣的醫師。

# 第四章

# 東臺灣器官移植的先行者

時間回到一九九七年。

李明哲已經升任主治醫師一年，並成功完成三例腎臟移植。

花蓮慈濟醫院為了發展移植醫學，

邁向醫學中心，已經先送兩位醫師出國，

李明哲是第三位拿醫院公費到美國進修取經的醫師。

初秋九月，李明哲帶著太太和兩個孩子飛行了十幾個小時，抵達美國匹茲堡大學（University of Pittsburgh）。匹茲堡大學位於美國東北的賓夕法尼亞州，成立於一七八七年，是美國歷史第十悠久的大學。大學裡最知名的地標「學習大教堂」（Cathedral of Learning），用印地安納石灰岩建造，是世界第二高的哥德式建築。站在高聳宏偉的學習大教堂前，李明哲感受到美國地理的壯闊還有這所學校的風氣和氣度。校園就是一座沒有圍牆的城市，圖書館、學生活動中心和市政府的建築參差林立在街道中，有優美的巴洛克式建築，也有如匹茲堡醫學中心（UPMC）一樣的現代化建築。

這是李明哲第一次長時間出國進修，美國初秋的楓葉開始轉紅，美麗優雅的大學城讓他讚歎不已。匹茲堡醫學中心裡面有一棟建築，叫做「湯馬斯史達佐移植機構」（Thomas E. Starzl Transplantation Institute）。這是全世界數一數二的器官移植聖地，在器官移植研究領域喊得出名號的人，大多數都是出自這裡。

「湯馬斯史達佐移植機構」是以湯馬斯史達佐教授為名的移植中心，史達佐教授是完成世界上第一例成功的肝臟移植手術的外科醫師。從一九六三年起他共歷經了五次換肝手術失敗的挫折後，終於在一九六七年完成人類第一例成功的肝臟移植，被稱為「現代器官移植學之父」。匹茲堡大學醫學中心的移植機構亦由史達佐教授親自主持，成為培訓世界器官移植人才的聖地。在極盛時期，匹茲堡大學醫學中心一年會進行六百例的肝臟移植手術，來自全球鑽研器官移植領域的醫師，都希望在這裡接受訓練。

帶著蓄勢待發的心情、讚歎美麗校園不久後，李明哲很快的感受到對美國生活明顯的不適應。雖然太太蔡娟秀曾在賓州大學攻讀護理學碩士多年，對美國生活相當熟悉，有她的陪伴讓李明哲安心不少；然而語言的隔閡，風土民情的不適應，讓他在醫院裡非常不安。身為亞洲人，他也深刻感受到隱藏其中卻嚴重的種族歧視，讓他很難打入臨床醫療團隊。「前四個月每天都覺得痛不欲生，很想回家。」

李明哲初抵匹茲堡時，他講的英文美國人聽不懂，美式英文口語很簡略，他也聽不出美國同事講些什麼，他常常被當作空氣，心裡又一直有要把器官移植學好的壓力，所以剛開始很不如意。還好他遇到一些來自日本、韓國、及中國大陸的醫師，有時候大家會一起吃午飯，讓他稍微覺得不是那麼孤單。

直到第四個月，有一天，加護病房的主治醫師帶著所有研究醫師（fellow）查房，停在一床病人前，主治醫師就指著林格氏液，問了其中一位研究醫師「這點滴裡面有什麼成分？」那位被抽問的研究醫師支支吾吾的講不出來，於是主治醫師開始一個一個點名，卻沒有人知道。失望的老師無奈的看向旁邊那一群外國研究員，指著李明哲：「你說說看吧！」，李明哲二話不說，馬上把林格氏液的所有成分一一道來。教授一聽馬上問他：「你哪裡來的？」

他答：「臺灣。」

「你們臺灣的醫學教育不錯。」教授說。

「是非常好。」李明哲很有自信地回覆教授的稱讚，並以強大的醫學知識解救了所有被考倒的研究醫師，李明哲恢復了自信的微笑，也幫自己打出知名度和存在感，機會永遠會來到準備好的人面前。

從此以後，他的英文還是很破，但同事們都願意跟他講話了，遇見也會主動打招呼，感覺終於把他當成團隊裡的一份子了。李明哲認為，要讓大家認識自己，一定要有一個很強烈的「巨大作用」，但不是自己的表現真的有多麼厲害，而是在別人表現得很糟糕的時候，讓自己脫穎而出！

從那次證明自己之後，他的工作、生活與學習慢慢步上軌道，開始參與臨床工作與實驗室研究，也跟著同事一起去別家醫院取器官，這代表著器官移植的捐贈端、移植端、以及研究端的學習，逐漸連結到位。

## 在匹茲堡學會的大小事

在匹茲堡的進修生活，分為臨床工作和實驗研究兩個部分，臨床工作要去摘取器官、學習肝臟、胰臟、腎臟、小腸等移植手術；研究的部分，李明哲則參加大動物的移植實驗。

像李明哲這樣的外國進修醫師，有一部分會被延攬到移植機構的研究小組內，成為研究班底。除了常規的臨床工作外，部門內的臨床醫師也會被分配一些研究工作，負責一些基礎的實驗。這時候，負責的研究醫師就會邀約這群國外來的醫師一起進行。李明哲和日本醫師十東英志（Eishi Totsuka）、石井智浩（Tomohiro Ishii），以及來自哥倫比亞、韓國、墨西哥、及中國大陸的醫師就被一位西班牙裔的美國籍醫師延攬去做大動物試驗。那時匹茲堡大學正在進行一項耗資超過一百萬美金的小肝移植研究計劃，所謂的小肝就是「部分的肝臟」，因為成人的活體肝臟移植都是小肝移植，研究的內容就是想找出移植的肝臟尺寸究竟能縮到多小的比例，才是極限值？他們使用豬來做大動物實驗，那次試驗總共進行了二十多次的縮肝移植手術，犧牲了超過五十頭豬，實驗結束後摘取牠們的器官，檢測不同尺寸肝臟移植後的肝臟病理變化。

科內的美國醫師只負責做手術，其它如術前及術後的動物照顧以及實驗動物的檢體資料收集就全部交給這群外國醫師，對這群醫師來說，彷彿又回到住院醫師的生活：每天早上五點鐘不到就得去照顧豬，接著去做病房的臨床工作、抄寫病歷，全部處理完後，中午十二點左右稍微休息，下午再重新輪一次實驗動物照顧和臨床工作，直到下班時間。但如果當日有器官捐贈，可能半夜十二點還必須出勤去摘取器官，回來進行移植手術，但早上五點仍然必須再開始照顧豬隻、臨床、寫病歷的輪迴，日復一日。

會用豬來做實驗，是因為豬的構造與人體比較類似，匹茲堡早期發展動物實驗多使用狗，後來便逐漸減少使用。李明哲剛開始參與大動物實驗時也曾以狗作為實驗對象，但一想到活潑可愛的米格魯會被犧牲時也相當不忍。大動物實驗的頭幾隻豬在接受肝臟移植後，血壓馬上會變得很差，很快就死亡，但是他們一直找不出手術過程和環節中出了什麼問題。其中一位日本同學突發奇想，認為豬是四腳站立的動物，但移植手術結束時團隊卻讓牠像人一樣仰躺在病床上，可能因此血流不順而導致血壓不穩，建議應該讓豬隻順應自然趴著休息。後來實驗團隊就在手術結束後，以最快的速度將傷口縫合好，趕緊將插著管的豬隻翻過來讓牠趴著，沒想到一段時間之後豬隻就慢慢恢復意識，拔管之後豬就活了！後續其他的豬隻也依照這個方法，移植後都順利存活。沒想到後來花蓮慈濟醫院的肝臟移植團隊，也是在移植肝臟前先利用豬隻做練習，但都失敗告終，也是找不到原因，其中有一位醫師就打電話來問問李明哲，李明哲說，「把豬翻過來試試看！」果然一翻過來，豬隻就活了。

對李明哲來說，半夜出勤是相當辛苦的工作，白天已經累了一整天，晚上還必須犧牲睡眠。美國幅員廣大，器官勸募組織 OPO（Organ Procurement Organization）總共分為十一區，其中「CORE」（Center for Organ Recovery & Education）這個 OPO 中心統籌負責的就是賓州西部、西維吉尼亞州等地的器官勸募和分配等行政事務，匹茲堡醫學中心就涵蓋在 CORE 這個中心負責的範圍內。OPO 設有協調員，他們大都具有護理師資格；當獲知哪家醫院有器官捐贈者，協調員就會到醫院來接醫師們到捐贈者所在的醫院摘取器官。如果是兩小時車程會到的地方，協調師就會開著休旅車過來接醫師；如果捐贈醫院距離比較遠，就會改搭飛機，有時候是搭噴射客機、也搭過小飛機。這項任務大都是凌晨出發，應該是深夜的開刀房比較有空，也比較不會影響捐贈醫院白天的臨床業務。李明哲回到花蓮慈院之後，也幾乎都選擇在晚上進行器官摘取及移植，儘量不影響白天的工作。

協調師有資深、當然也有新手，有一陣子李明哲的團隊經常跟一位年輕漂亮的協調師一起去摘取器官，「半夜出門很累，但是因為協調師很漂亮，所以我們看到她心情都很好！」李明哲說，協調師很年輕，不到三十歲，是一位護理師。

有一次在路上大家就跟她天南地北的聊天，後來不經意的聊到她為什麼要做這麼辛苦的工作，等於經常在值大夜班，而且去摘取器官必須風雨無阻，刮風下雨下大雪也都要出發。這位美麗的協調師說，其實她並不會做很久，但是她做了這份工作之後，強烈建議所有的護理師都應該要來經歷一次，因為這是一個非常重要、也是一份可以付出自我的工作，她覺得所有的護理人員都應該經歷這份經驗和過程，對於能參與這種充滿利他精神的工作，她覺得「非常光榮」。

李明哲聽到這位年輕護理師的想法非常驚訝而感動，同時深刻感受到美國人「利他」的精神深植於每個人心裡。「我們畢業後第一件事可能就是想著趕快賺錢，他們不是，覺得要先回饋社會。」這樣的精神，也充分展現在器官捐贈的觀念裡。例如臺灣對於捐贈器官的家屬會有喪葬補助費，但美國的觀念中認為捐贈器官是利他的表現，不應該有任何補償，OPO 雖然會盡力幫助家屬，但與捐贈者的家屬之間不能有直接的金錢交易或對價關係，所以他們會找其他的慈善機構來協助這個部分的工作，譬如美國洛杉磯的 OPO 就與慈濟基金會美國總會合作，關懷捐贈者家屬來幫助他們，而不會由 OPO 提供其他任何金錢補助。

接著，在美國的他，又被日本文化所震驚。

李明哲和日本的同事十束英志是最常被一位伊朗裔的美國研究醫師一起叫去取器官的兩位國外醫師。為了趕緊將器官帶回醫院移植，通常抵達捐贈醫院之後，美國的研究醫師會先取出肝臟，在處理肝臟的時候，為抓緊時間，他就會請李明哲和 Totsuka 同步取出腎臟，並協助縫合捐贈者的大體。

由於深夜出勤，取好腎臟並縫合好捐贈者的大體後，等著協調師做好器官保存包裝與檢體收集，他們就準備返回匹茲堡。那時感到疲憊的李明哲正在一旁稍做休息，卻看到日本籍的同事Totsuka醫師獨自默默地走到捐贈者的床尾，恭敬的拍了兩下手掌然後雙手合十低頭默禱。這樣一個小動作讓親眼目睹這一幕的李明哲非常震驚，因為他們這些醫師都是跟著美國醫師一起來到這間不熟悉的醫院，取出一個不認識的捐贈者的器官，但是這位日本醫師卻如此恭敬地對他默禱，他強烈的感受到一位醫師對生命的尊重與感謝，以及日本大和民族的精神與教養。

後來李明哲回到臺灣，也以身作則，帶動團隊向捐贈者致謝，他會在完成捐贈者器官捐贈手術之後，先修復捐贈者大體外觀，並協助儀容整理，推出手術室之後，會陪伴家屬一起瞻仰遺容，然後他會以主刀醫師的身份，親自向家屬說明捐贈者的貢獻，並帶領在場送行的醫療團隊一起鞠躬，向捐贈者與其家屬致上最大的敬意。

在美國十六個月期間，李明哲為了摘取器官總共出勤了將近六十次，參與的移植手術就更多了，包括肝臟、腎臟、胰臟和小腸都參與，當時他很幸運並沒有遇到太大的困難。可是就在他離開匹茲堡一年後，某一次到美國開會順道去前往探望以前的同事，卻聽到一架直升機載著六名移植醫護人員不幸墜毀喪生的消息。李明哲想起自己過去也曾為了摘取捐贈器官，在美國的高速公路上飛車，當時不知道害怕，一心想著完成任務，如今能平安無事的回國繼續行醫，真的非常幸運。美國官方每年都會發布有多少器官移植人員在值勤的時候殉職，讓民眾們知道，這些為了病人而搶時間的移植人員，甘冒生命危險、全力以赴的偉大。

美國是器官移植風氣和技術都非常成熟的國家，李明哲認為他們之所以成功，除了政府強而有力的支持外，不管是勸募端、捐贈端、移植端都有完善的制度和配套措施，每個人為了團隊，在本分上把事情做好，病人來到醫院也能獲得完善的資訊。因此，美國人所展現出來的團隊合作精神，以及因為合作所展現的強盛實力，是匹茲堡之行讓李明哲印象最深刻之處。雖然團隊中會有衝突，但卻非常強調協調與合作，且肯定專業，給予醫師優質的薪資禮遇並要求負起責任，讓研究機構的研究風氣極盛，也讓每個人都享有被尊敬的榮譽感，而能全心投入。

這些完整的配套，讓李明哲覺得都應該深化在自己的機構裡，尤其是器官移植剛起步的醫院。匹茲堡之行他除了學習器官移植，還學習如何做器官勸募，學器官登錄與配對的系統。他在心裡畫出一個藍圖，希望臺灣東部也能有一個專業又被尊敬的器官移植中心。

一九九八年十二月，他從美國回到臺灣，但是比預定受訓時間多停留了四個月。那延長的四個月，他以留職停薪，自費在匹茲堡完成了大動物實驗，最後他拿到了湯姆斯史達佐醫師親筆簽名的結業證書，心滿意足的回到花蓮，準備大展身手，開拓器官移植的新領域。

# 腦死判定與**器官移植**

器官移植過程中最重要也最敏感的步驟，就是腦死判定。原本腦死判定，對於以搶救生命為終生職志的醫師來說，就是一種矛盾的衝突。從救生的角色轉變為判死的執行者，不僅考驗醫病之間的信任關係，也常引發家屬對醫師的質疑：醫師會不會為了救其他病人，而不積極治療眼前的重症病人？

為此，腦死判定與器官移植手術，一定是由不同的醫師團隊來執行，腦死判定甚至需要間隔一定時間，經過二次判定，且必須由二位不同的醫師來做主判，才能保有腦死判定的客觀性與正確性。

回顧臺灣器官移植手術的歷史，可以用飛快進步來形容。一九六八年，臺大醫院李俊仁教授完成臺灣第一例成功的腎臟移植後，接著發展出肝臟、胰臟、心臟的移植手術，因此當李明哲一九九六年開始學習器官移植時，器官移植醫療在臺灣已經發展將近三十年了。

臺灣第一例的肝臟移植，是在一九八四年，由年僅三十四歲的陳肇隆醫師成功的執行，那是臺灣的第一例、也是全亞洲第一例肝臟移植手術。陳肇隆醫師跟隨當時世界的潮流，率先做了臺灣第一例器捐者的腦死宣判，他大膽使用腦死定義判定死亡，在評估腦死病人符合器官捐贈條件之後，順利摘取肝臟，並完成第一例肝臟移植。

腦死的定義起源於一九六〇年代歐洲的先進國家。一九五九年，法國學者 **P. Mollaret** 和 **M. Goulon** 首先提出「超越昏迷的狀態（**le coma depasse**）」的概念，並開始使用「腦死亡」一詞，意指病人腦部嚴重損毀已無法復原。

一九六八年美國哈佛大學醫學院提出「腦功能不可逆性喪失」作為新的死亡標準，並製定了世界上第一個腦死亡診斷標準：1. 不可逆的深度昏迷（irreversible coma）；2. 自發呼吸停止；3. 腦幹反射消失；4. 腦電波消失（平坦）。

一九七一年，兩位美國神經外科醫師提出了重要論點——即是他們發現一旦腦幹承受不可逆性的損壞，病人就沒有復原的希望，即是所謂的「腦幹死（brain stem death）」。比較被人熟知的死亡是因心臟停止、或呼吸功能喪失而導致身體其他部位（包括腦部）死亡，腦幹是人體的生命中樞，腦幹功能喪失時，若將維持生命的儀器移除，器官就會逐漸走向衰竭；即便繼續以維生系統維持，心跳及血壓也大多會在七十二個小時內停止。「腦死即死亡」的觀念因此逐漸被世界各國的醫學界接受。

死亡的定義雖然可以用醫學的觀點來定義，但除了醫界認定的死亡外，宗教家、倫理學者、法學專家等不一定認為醫師所謂的死亡是真確的，加上臺灣的傳統民情風俗，到了一九八〇年代，臺灣社會還是沒辦法接受腦死的觀念；還是有人認為腦死是在心臟停止之前一個很短的瞬間，不應該在仍有呼吸心跳的時候，用檢驗來認定死亡。

過去為人所接受的死亡是心臟停止或「斷氣」，當年臺灣還沒有器官移植的相關法令，陳肇隆教授率先以腦死判定摘取靠維生機具維持呼吸心跳之瀕死病人的器官，在臺灣社會引發巨大的爭議，掀起論戰，甚至驚動刑事調查，種種波瀾也因此促使臺灣醫界著手推動腦死觀念的建立，這也間接促成人體器官移植條例的誕生。一九八七年六月十九日，臺灣公布《人體器官移植條例》，明文規定死亡可以經由腦死判定，同時頒布腦死判定的標準，通過腦死判定標準流程之後，即可宣判死亡，也可捐贈器官。

不過李明哲也語重心長的舉出一個例子，說明為何正確判定腦死對於器官捐贈是很重要的。日本有一知名的「和田（Wada）事件」，說明為什麼日本人數十年來一直不太接受腦死即為死亡的概念！

一九六八年的夏天，一位二十一歲的大學生在日本北海道北部的水域溺水，他被送往札幌大學附設醫院，移植專家和田壽郎（Juro

Wada）醫師對他進行了檢查後宣布他腦死亡，隨後取出心臟，迅速移植到另一位有先天性心臟病的青少年病人身上。不幸的是，這位心臟移植病患在接受移植後八十三天死亡。隨後和田醫師被指控在捐贈者還活著的時候偷走了心臟，因而接受刑事調查。雖然最後並沒有被提出正式的刑事指控，但案件拖延了六年，北海道檢察廳才因證據不足完全撤銷。

這是當時世界上第三十例的心臟移植手術，也是日本的第一例，但這件事發生後，長達二十年，日本醫界未曾再移植過任何心臟，尤其對日本人而言，心臟有作為靈魂的儲存者的傳統，因此沒有一位日本醫生願意冒險，成為第二個和田，直到一九九七年《器官移植法》實施。李明哲說，嚴謹的腦死判定過程非常非常地重要，不當的死亡判定，會輕易毀了好不容易建立起來的整個器官移植體系！

## 勸募的**藝術**

一九九八年底，從匹茲堡回到臺灣，一九九九年一月一日，李明哲馬上回到慈濟醫院上班。

回來之後，李明哲發現自己出國這一年多，醫院的移植業務一直沒有開張，他去問原因，得到的回答是沒有捐贈者。所以回國後，他的第一份工作不是做移植，而是勸募。李明哲推動勸募，希望能幫到病人，他遇到很多肝硬化的病人，等不到有人捐贈肝臟就死了。因此輪到他在加護病房值班時，遇到不幸腦死的病人，他就會去勸募。

臺灣根深蒂固的民情、生死觀以及文化習俗，讓器官捐贈推行相當不易。尤其是在臺灣東部，因為人口少、資訊量也少，勸募更加困難。以前沒人開始做，剛從美國回來的李明哲，決定把美國的分配和勸募觀念帶進臺灣，並有了設置器官移植暨勸募中心的構想。

他開始著手規劃，如何關懷家屬、在勸募的前中後期應該做些什麼，慢慢一點一滴建立起來。若有腦死的病人，李明哲就會接到通知，然後進行器官勸募。後來為避免有民眾會誤會移植醫師可能會為了增加移植業績而進行器官勸募，所以移植醫師就不做勸募工作，只專心於移植手術，勸募工作就交由社工及志工，或由病人的主治醫師在對家屬解說病情時主動提出。但那時一切都還在起步階段，器捐的概念還在渾沌成形中，李明哲又常常身兼多職，缺乏人手，兼任的協調護理師又只能在閒暇時才來幫忙。所以李明哲就主動發掘可能的捐贈者，若病人家屬想要了解器官捐贈，李明哲就會去解釋。於是，從解說器捐、器官分配、摘取器官、器官移植、直到術後照顧病人等等，他都會一條龍般完成。當他勸募到器官捐贈者，他會自己進行腎臟摘取及移植，肝臟則交給負責肝臟移植的醫師摘取及移植、或轉給需要的醫院，通常會是臺大醫院。

剛開始勸募時，李明哲非常「直接地就事論事」。他常常就跟家屬說，「病人現在的狀況，主治醫師也說明了，病人可能已經瀕臨腦死了……」；但這樣的說法常讓家屬太震驚無法接受，甚至把他轟了出去，不敢相信醫生怎麼會詛咒自己的親人腦死了！李明哲後來了解，很多人一輩子未曾聽過「腦死」這個名詞，可能在跟醫師見面時，才第一次聽到；還沒消化「腦死」是什麼意思，緊接著又馬上聽到「器官捐贈」，在這麼短的時間裡，家屬沒辦法把躺在病床上的親人從受傷跟腦死、腦死跟死亡、死亡跟器官捐贈連結在一起。後來換了方式，由社工和醫院志工來勸募，不直接談腦死，而是先了解病人的過去、疾病和家人的感受，才在適當的時間介入，以轉化的方式，讓病人家屬知道，如果不幸病人腦死了，還有什麼其他方式可以繼續活下去。

後來李明哲又想到更沒有侵略性、更容易在家屬平靜的狀態下好好說明器官捐贈的方法。他做了很多海報掛在加護病房附近，因為家屬到加護病房探望病人之前，會有一段等待的時間，這個時間通常沒有特別的事，家屬就有機會看看海報。無聲勝有聲，海報內容會有器官捐贈的原因、器官的來源、什麼樣的狀況醫生會宣判腦死、宣判後會有什麼樣的決定、可以做哪些事，包括可以捐贈哪些器官，流程如何、法令規定如何，利用文字和影像，有如敘述故事一般娓娓道來。

這樣做的確有效，當勸募團隊在跟家屬開口的時候，家屬就會意識到這件事，不再是毫無概念；有的會詢問：「你是在說腦死這件事情嗎？」有的會直接回答：「我知道，我看過海報，但不考慮。」李明哲認為，不論接不接受、願不願意幫家人做捐贈器官，至少這樣的觀念已經被民眾注意到，後來當然也有家屬主動提出，希望為親人做器官捐贈。

臺灣法律雖然規定健保卡註記器官捐贈意願具有法律效力，在註記當事人腦死的情況下，醫護人員可以摘除器官。但基於民情並尊重家屬，醫護人員還是會徵得家屬的同意，若家屬不願意，醫護人員並不會執行手術。因此除了推廣民眾於健保卡晶片中註記，讓醫院能在健保資料中看到病人對器官捐贈的意願，從而告知家屬，對家屬進一步解說；現在更進一步推廣願意接受器官捐贈的簽卡人於健保卡註記後，還要主動跟家人說明自己的意願。

## 在那**河畔青草青**

他很喜歡以前老醫師提著公事包騎著腳踏車到山裡或遙遠的人家去看診，日據時代的「出張」，有義務性的含意在裡面，而今稱爲「往診」。

李明哲從美國回來後，原本想要好好推行移植手術，先從他負責的腎臟移植開始，他將腎臟移植的臨床工作系統化，建立腎臟移植計劃、衛教手冊、捐贈者照顧臨床手冊，把每一件工作程序都建立標準的SOP程序。

那一年他在地廣人稀的東部勸到了兩名捐贈者，當時還沒有器官捐贈移植登錄中心，也還沒有移植登錄系統線上分配。勸募來的器官通常都是由勸募到捐贈者的醫院分配，他會留下腎臟和肝臟，他移植腎臟，肝臟則給院方指定的肝臟移植團隊負責移植，其他的器官則給了臺大醫院。後來他移植的腎臟病人都存活了，但肝臟移植的病人卻過世了，李明哲不滿院方對他綁手綁腳，未能讓他執行肝臟移植手術，而是給從其他醫院體系而來的移植團隊負責，兩例肝臟移植卻都以失敗告終。失望之餘，他又見到醫院有少數醫師在高談闊論，認為在東部這種醫院只需要「和稀泥」即可，讓自我要求很高的他非常不能認同，覺得自己年紀輕輕就要跟著一群和稀泥的人為伍，簡直不敢想像往後的日子；後來更發生他原本要幫一位因良性肝腫瘤十九歲的女學生開刀，卻因為父親過世，由另一位醫師接手，後來女學生命喪手術臺，讓李明哲痛苦不已，成為壓垮他的最後一根稻草，種種與他理想背道而馳的事接連發生，讓他非常灰心。

原本他想離開慈濟一走了之，但想到自己拿了慈濟的公費出國進修移植醫學，應該履行合約，李明哲心想，現在只剩唐吉軻德還願意往前走了。他想起了大學到花蓮河東部落服務時，在玉里鎮的一九三線道，沿著樂合公路騎著摩托車，頭頂上很多蚊子和小蟲打轉，有時候會打在臉上和機車的擋風玻璃上，沿途的空氣非常甘甜，秀姑巒溪清澈見底，水牛泡在溪水裡，水草在溪水裡蕩漾的景象，自己喜歡的花蓮是這樣的花蓮，怎麼後來會搞得烏煙瘴氣，他想要好好靜一靜、想一想。

他很喜歡以前老醫師提著公事包，騎著腳踏車，到山裡或遙遠的人家去看診。日據時代的「出張」，有義務性的含意在裡面，而今稱為「往診」。這些鄉下醫師知道自己是偏遠地區唯一的醫師，幾乎不畏風雨，不論晨昏日夜，不辭辛苦的到病人家守護生命，李明哲尊敬這樣的精神，他不想和稀泥，他想要當這樣的醫師，他想要到鄉下去。

下定決心後，李明哲就去跟院方高層說，他想去玉里慈院。沒想到對方一聽，不但沒有慰留他，反而問他「要不要考慮去關山？」李明哲心想：「什麼關山？聽都沒聽過的地方。」對方還說臺東關山有一家蓋到一半的博愛醫院，慈濟受到地方民眾委託想承接下來開設分院，但是遲遲沒有下最後決定，因為還找不到醫師，如果李明哲願意過去，院方就可以把這家醫院接下來。「你可以去看一看」，李明哲接收到訊息後，就開著車南下到臺東縣關山鎮，去看那家傳說中的醫院。醫院建築就在臺九線旁，他到的時候，一樓差不多蓋好了，二樓牆壁剛上清水模，屋子裡面空空蕩蕩的，門窗開了幾個洞。他想，這真的有辦法做一家醫院嗎？

當時其實有好幾家醫院開出優惠的待遇和資源，非常有誠意的跟李明哲招手，李明哲想：既然花蓮沒辦法發展器官移植，但自己又很想要做移植手術，他院這般殷勤的邀請他，自己只要把這兩年出國進修的合約履行完成後就可以離開。他跟對方說，「如果兩年後還需要我的話，我就會過去」。

他從關山勘查回到花蓮後，馬上跟院方說自己願意過去，也可以幫忙找到願意一起去關山的醫師。

於是他第一個就去找一起在慈濟醫院當住院醫師、跟他有革命情感的好朋友鄭敦仁。李明哲跟鄭敦仁說：「你留在花蓮就死定了！以前我可以幫你，我現在一離開，你就沒有人可以幫忙了，那倒不如跟我一起過去，到那邊我們可以互相照應。」老實的鄭敦仁想想有道理，就答應了。比李明哲晚一屆的骨科醫師吳文田，那時候是第一年主治醫師，也就是所謂的「Young V」（年輕主治醫師）。吳文田是花蓮玉里人，玉里離關山其實不遠。李明哲跟他說，「你在花蓮這些大樹底下，這麼多精英前輩，想要開大刀是不可能的，要不要跟我一起去關山？」他進一步說：「當年于載九醫師也是因為這樣子，下鄉把成功鎮所有的病人都包了，你知道嗎？所有成功鎮的病人都只認識于載九，腳全部被他開過。我們去關山慈院，延平、關山，甚至玉里、卓溪的病人都可以來給你看，更何況你又是玉里人！」就這樣，他邀到了吳文田，加上他自己，就有三位外科醫師了，但三位外科醫師一定要搭配麻醉科醫師才有用，剛好當時與人在玉里的林祐生醫師熟識，李明哲也力邀他一起到關山，就這樣，找齊了四位醫師一起下鄉。

於是從一九九九年的七月開始，李明哲幾乎每個星期都開車往返關山，去監工和視察工地進度。他大都利用每週三到玉里慈院支援結束後，順道開車南下，慢慢的，醫院一點一滴成形，真的蓋起來了。開始要籌備買設備，所有的儀器、病床、ＩＣＵ設備等等，花蓮慈院的陳英和院長請李明哲提出待購清單，李明哲天不怕地不怕，洋洋灑灑列出一長串，陳院長一看大驚：「李明哲你買這些是要做什麼？你要在關山那裡做這些手術嗎？」因為李明哲的購買清單中有切肝用的儀器、開胸器、腦部鑽孔機……等等，他認為「既然你希望我可以做好，當然一定要『一炮而紅』！而且我找了這麼多人力一起投入，就要有可以發揮的空間。」其實李明哲在心裡還有一個計劃，就是想在關山發展腹腔鏡減重手術。他考察了關山的環境，關山雖是一個小地方，但風景很美，而且有環鎮自行車道，可以發展觀光醫療，腹腔鏡減重手術是很好的方向，他已經有觀光醫療的藍圖在腦中規劃，他決定在離開慈濟前給自己兩年的時間，於是把這項計劃和規劃提報出來，一併購買相關儀器。

陳院長聽完李明哲的通盤計劃後就批准了他所有的購買清單，二〇〇〇年三月關山慈濟醫院啟業，由林祐生醫師擔任院長，李明哲成為第一批常駐醫師之一。

開業之後，這四位醫師配合得很好，李明哲之前買的器械很多也都用到了，他到了關山也開胸、也補皮，什麼都做，甚至還接生；一位孕婦肚裡的胎兒變成死胎，卡在肚子裡難產，李明哲當婦產科醫師將胎兒引產出來。另外耳鼻喉科他也會看，各種異物跑進鼻子耳朵，他都想辦法處理妥當。

他在關山做了很多瘋狂的事情，接受所有的挑戰，那時候的他非常快樂。他常常和三個夥伴及護理同仁在下班後相約一起去玩，到附近鹿野山上喝茶，喜歡那邊的人好玩好相處。當他們出去的時候，會有一位醫師在醫院值班留守，但因為鄉下和山區的收訊很差，當留守的人接到病人，要找人回來開刀，如果電話沒有訊號找不到人，留守的醫師就打電話到鹿野派出所，拜託警察上山去幫忙把醫師找回來開刀，也因為這樣，這四位醫師和派出所與附近居民都熟絡了起來。

李明哲很喜歡一部大學時代看過的侯孝賢電影《在那河畔青草青》，描述一位都市年輕教師到鄉下代課的故事，是屬於一個小鎮裡發生的故事，電影裡有著純樸山城的生活風貌，李明哲非常喜歡鄉下生活，就跟他出生地一般純樸而親切，關山這個小鎮就讓他有這樣的感覺。

而關山慈濟這個小鎮醫院，開張不久就湧入許多病人，包括很多原本在花蓮的病人都特地跑到關山找李明哲看診，讓他相當感動。開幕四個月後，醫院的營收就達到平衡，五十張床的醫院，占床率達到八成，能經手催生這家醫院，李明哲感到很驕傲很開心，他很喜歡這種同心協力一起努力照顧病人，讓醫院變好的感覺。這個期間仍是有西部的大醫院來到關山挖角，希望他可以跳槽，但李明哲堅持守信用，將合約履行完成，並將自己手邊正在做的事做完美、完整。

計劃永遠趕不上變化，原本預計在關山做滿兩年，結果只做了四個月，原本在花蓮慈院負責移植的外科醫師們離開了，院方希望李明哲回去重振旗鼓，但李明哲覺得為難，因為會來到關山的這群醫師都是自己邀來的，自己沒辦法就這樣拋棄兄弟回到花蓮。所幸，其他三位醫師都很諒解，也鼓勵李明哲，支持他回到花蓮，他們告訴李明哲，「現在醫院正需要你，你應該回去。」

於是，經過短短四個月的下鄉生涯，李明哲回到花蓮，但他也允諾，他還是每個星期會回到關山慈濟醫院支援。輪到支援那一天，他通常開車一路到關山看門診，看完門診後手術，手術完再接著到玉里慈濟醫院看門診，看完門診再手術，最後才又回到花蓮，通常是一早六點半出發，到了半夜十二點左右才又回到家，每個禮拜一次，這樣持續了四、五年。

# 信心、毅力、勇氣

不要以別人的眼光來評鑑自己，
要用自己的努力來改變別人的觀點。

二〇〇〇年，李明哲回到花蓮慈院，獲得陳英和院長相當大的支持，接手器官移植小組，擔任主任。為了發展東部的移植醫學，他參加了很多醫學會議，有一次在會議結束的社交場合，張耀仁副院長帶著他到處去拜碼頭，遇到一位醫界的大老。張副院長趕緊拉著李明哲前去，介紹李明哲是花蓮慈院大力栽培的年輕醫師，曾經送到匹茲堡大學訓練過，以後要做肝臟移植。這位大老當時看著他們所吐出的話語，讓李明哲深深記在腦海。「慈濟醫院要跟人家做什麼肝臟移植，回去唸經卡實在！」大老這樣說。李明哲表面上不吭聲，但他心裡已經下定決心：「我絕對會做給你看！」

他就像一顆皮球，被壓得越低，就會彈得越高，他每一次的反彈，都要讓別人知道自己可以彈得多高。但當時各項資源和人力還是相當短缺，二〇〇一年，器官移植小組終於正式聘任第一位專任的協調護理師施明蕙，也分到一間小小的辦公室。這間最早的器官移植辦公室在內科第二加護病房開開關關的電動門旁邊，有一扇小門，小門打開是兩坪不到的空間，就連日本朋友 Ishii 來花蓮參訪的時候都說這種格局怎麼做移植？但李明哲和協調護理師就窩在這個陽春狹小且沒有對外窗的辦公室裡，一點一滴，為東部器官移植向前推進鋪路。

在臺灣推動器官勸募最困難之處在於，就算病人在生前已經簽署過器官捐贈同意書，但家屬若不同意，死後還是無法完成捐贈。亞洲國家因為文化與西方不同，幾乎都遭遇相同的困境。對於已簽署器官捐贈同意書的捐贈處理，部分歐洲國家實施推定同意（opt out）制度，即是民眾於生前如無表達反對器捐意願時，一旦發生死亡狀況，即視為當然的器捐者，醫療人員可直接摘取器官。但這樣的政策需要有完整的配套措施，執行前必須為這個法條舉行公聽、讓民眾了解死亡和器官捐贈的意義，器官移植不再只是有利益相關者的事情，而是整個國家的事情。亞洲唯一實施推定同意的新加坡，雖然醫療水準很高，但是實施得並不順利，主要仍肇因於亞洲人難以接受身體所有權的被剝奪及未經家屬同意就可以摘取器官。

臺灣與美國的器官捐贈制度都屬於選擇同意（Opt in）。美國授權第三方成立「器官分享聯合網絡」United Network for Organ Sharing（簡稱 UNOS）統籌業務，UNOS 為世界上最具規模的專業器官移植促進組織，一九八六年開始負責建立及管理「器官勸募和移植網絡」OPTN（Organ Procurement and Transplantation Network），OPTN 之下則管理美國境內共十一區的器官勸募組織 OPO（Organ Procurement Organization）。

臺灣在二〇〇二年，成立財團法人器官捐贈移植登錄中心。美國比臺灣早了十幾年開始做器官移植的系統，制度非常健全，在尊重人權的前提下，有許多推廣器官捐贈的方式，促成了器官捐贈率提高。臺灣的登錄中心則近似結合 UNOS 和 OPTN 的工作，由設立以醫院為基礎的 OPO（簡稱器官勸募網絡）來勸募器官，OPO 通常都是設立在醫學中心。

一切起步都很困難，尤其在東部，常被西部的醫界戲稱是「好山好水好無聊」的貧脊之地，器官移植真的做得起來嗎？器官移植的門檻很高，除了必須要有人力、物力、財力的投資之外，移植不是病人來了、開完刀就沒事了。包括術前的評估、術中的照顧、術後的追蹤、都要有專門的儀器設施以及專業人員。衛福部審查移植醫院的資格，幾乎需要所有的設備儀器，也要有各種專業人員，等同就是醫學中心的等級。再來則必須要有專業團隊，器官移植手術醫師必須取得資格，而且要願意不怕辛苦與合作。然而，最重要的不是只是成為器官移植醫院，而是要能維持規模，並繼續走下去。

但是那時候移植醫師不可能只靠器官移植餬口，還必須做其他手術，而移植手術不但是技術、體力與耐力的挑戰，也考驗醫師的意志力。但那時候也是因為病人的支持，讓李明哲咬緊牙關繼續走下去。

李明哲永遠記得他第一個器官移植病人，是一位因為腎衰竭而長期洗腎的男性，也是開啟他腎臟移植手術的第一例。開刀前一晚，李明哲到病房再次探視病人，

病人問他：「請問你有開過這一類刀的經驗嗎？」

李明哲回答：「從來沒有！」

這時李反問病人：「我沒有開過這種刀，你敢給我開嗎？」

病人看看他，只問了一句話：「那你有沒有看過別人開？」

李：「有看過。」

病人：「那你會開了嗎？」

李：「應該會！」

就這樣，病人非常輕鬆的就「說定」請李明哲幫他開刀。當醫師被病人全心信任時，就一定會全力以赴報答這份託付，這是李明哲篤信的做人道理。手術非常順利，這位第一例腎臟移植病人順利康復，和他變成好朋友，後來經過十幾年，這個移植的腎臟又慢慢開始衰竭，病人再度申請移植，又幸運的再次獲得配對，於是再次的接受移植手術，還是由李明哲為他動刀。病人的信任和鼓勵，成為一路支持他的動力。

成為器官移植醫師之後，在夜半提著器官奔波已經不是難得的事；器官移植手術的時間常常取決於捐贈者完成腦死判定的時間，難以預測，醫師必須隨時待命，李明哲常常難得的休假或吃飯吃到一半，就要回到醫院。有一年過年，全家好不容易一起開車回老家瑞芳圍爐，結果在半路上他接到一通電話，剛好有一位完成二次腦死判定的捐贈者，需要李明哲回醫院手術。於是他把妻小送到瑞芳老家後，接著再跳上火車返回花蓮。難得過年與爸爸相聚的小孩問：「爸爸去哪裡了？」媽媽回答：「去醫院了。」小孩又問：「爸爸為什麼又要工作，這麼愛賺錢……」這時候蔡娟秀會跟孩子說：「你知道嗎？爸爸今天去醫院，會有三個家庭都不會再哭了。因為器官移植，會改變一個人和一個家庭的生命，所以我們是讓爸爸去改變一個家庭的命運。」從此以後，當爸爸臨時有事缺席重要活動，孩子也都不再抱怨，因為他們知道爸爸正在做一件救人，還有救好幾個家庭的重要工作。

二〇〇二年，政府成立了財團法人器官捐贈移植登錄中心，慈濟醫療志業體也結合全國的慈濟醫院成立了慈濟器官勸募中心，每年可以勸募到約二十位的捐贈者。二〇〇三年，花蓮慈院也開始做屍體肝臟移植，當時法令規定，必須累積五例屍體肝臟移植數，且第一年存活率達到百分之七十以上，醫院及醫師才可以取得活體肝臟移植的資格。

二〇〇四年八月，衛生署核准花蓮慈濟醫院成立慈濟器官勸募中心，正式成為全臺器官勸募網絡醫院（OPO）的一員。二〇〇五年財團法人器官捐贈移植登錄中心開始進行系統線上分配作業。但臺灣的登錄中心規定各醫院若要成為器官勸募網絡醫院，必須要有正式的組織架構，要有專屬的辦公室與電話專線，還要有專人負責執行相關業務，具備這些資格之後始可投標，投標後只要獲得登錄中心認可，成為器官勸募網絡醫院，即可與全臺灣的醫院簽約。東部地區當然只有花蓮慈濟醫院去投標，通過登錄中心審核後，終於獲得OPO的資格，登錄中心於第一年給予OPO二十萬元的籌辦經費，同時在每次執行器官捐贈業務時，登錄中心會依據捐贈的器官種類及數目給予處理費，作為器官勸募網絡醫院執行業務經費的來源。於是李明哲成立器官勸募中心專戶，專款專用，也從那時候，慈濟器官移植暨勸募中心開始了自給自足的營運方式。

因為有了登錄中心，全臺移植醫院都能進入系統登錄等待器官移植的病人資料，等待移植機會。一旦得到線上分配的器官，就能立即進行移植手術。此時李明哲也開始全臺跑透透，大林慈院的第一例肝臟移植、臺北慈院的第一例腎臟移植、以及臺中慈院的第一例腎臟移植都是他去支援。他到大林支援移植手術時，因為有花蓮慈院有受贈者獲得腎臟分配，他還要再帶著腎臟回到花蓮，接著繼續操刀移植。李明哲靠著精湛的醫術與刀工，還有過人的意志力，在人力不足的時候一人抵多人用，還曾連續做過「一肝二腎」連續摘取與植入的馬拉松式手術。

人力不足，有能力進行移植手術的醫師只有他一人，凡事必須親力親為，勸募的時間不算在內，從進入開刀房，開始摘取肝臟和腎臟，摘取完之後，還要處理器官，在冰水裡將多餘的組織剪掉，血管開口也要縫合或處理，摘取下來的一肝二腎需要全部處理完整才能準備進行移植。首先要把處理好的捐贈者肝臟種到受贈者身上，早期肝臟手術都要十幾個小時以上才能完成，等到肝臟移植結束，將病人縫合好，還要繼續做其他兩位病人的腎臟移植，那次一共花了二十四個小時不眠不休的做完，而且他還有連續兩次這樣的紀錄。「我多厲害！腎臟移植一個半鐘頭就可以做得完。」雖然對自己的技術很有信心，但他知道這非長久之道。「我那時候很年輕，但我做了兩次這種手術之後就跟醫院講，這樣下去不行，我一定會死掉，一定要再訓練人、一定要有團隊！」於是院方讓他派年輕醫師去日本京都大學附設醫院，還有林口長庚紀念醫院進修活體肝臟移植手術。

在學生外派受訓的期間，所有的移植手術當然都還是李明哲扛下來，他同時也會擔任「星探」，發掘適合的年輕醫師，延攬到器官移植團隊，手把手的訓練。

擅長以腹腔鏡摘取腎臟的陳言丞醫師就說，自己在當住院醫師時，原本想走心臟外科，心臟外科主任也答應願意收他了。但有一次正在加護病房工作的時候，遇到老師李明哲，李明哲問他：「要不要走一般外科，做肝移植。」陳言丞回：「可是我喜歡縫血管。」李明哲接著說：「做肝臟移植也可以縫血管。」結果，原本要走心臟外科的陳言丞，就被半路攔截到一般外科，成為移植團隊的一員，現在不但是器官移植手術的主力大將，還晉升為一般外科主任。

如今慈濟醫院已經有七位腎臟移植資格的醫師和三位肝臟移植資格的醫師，其中肝臟和腎臟移植資格兼具的就有三位。因為要成為移植專科醫師的其中一項條件，必須要在移植中心訓練六個月以上，同時照顧達二十例的病人，花蓮慈院也已經是器官移植訓練醫院，李明哲也接受他的母校臺北醫學大學附設醫院委託，幫忙完成了兩位腎臟移植醫師的訓練。

某一次醫院評鑑，評鑑委員對醫院高層表示，花蓮慈院的移植中心可以在東部發展出這樣的規模，成績非常好，足堪其他醫院的表率，令李明哲感到相當光彩。他認為自己雖然很努力，但這過程最感謝的是林欣榮院長的支持與信任；因為當年自己很年輕，院長願意「投資」，給予資源和人力，他當然也要珍惜自己所收到的信任與託付，做到不負所望。

以移植的高門檻和維持運作的能力，通常都只有大型醫院可以維持下去，但是花蓮慈院努力的成為臺灣東部第一、也是唯一的一家移植醫院，大林、臺北、臺中慈濟醫院也跟進發展移植醫學。現在李明哲常常受邀到北部、西部的醫學中心分享經驗，被稱為移植界的「前輩」。他深信領導者的眼光是很重要的，能從一顆小小的種子看到蘊含其中的潛力，願意為他澆水、施肥，細心呵護，小種子終有一天會長成大樹，結出豐碩的果實回報。

從一九九五年開始，歷經一九九七年第一例腦死病患的腎臟移植，到二〇二〇年九月，花蓮慈濟醫院器官移植中心總共移植了一百六十八例的大愛（屍體）腎臟、完成五十九例活體腎臟移植；加上四十四例的大愛（屍體）肝臟移植以及三十三例的活體肝臟移植，成果斐然，這是二十五年來，在慈濟醫院的支持下，器官移植團隊努力拓荒，不斷越過器官移植技術上和理念上的高門檻，讓這項高端醫療在東部培育出一片綠洲。

雖然長期長時間站立開刀，造成李明哲腿部有明顯的靜脈曲張，但他卻不太在意，因為對李明哲來說，這是努力邁向理想的光榮印記。而當初那位不相信慈濟醫院能做肝臟移植的醫界大老，他的醫院至今仍未能成為合格的肝臟移植醫院。李明哲很高興自己做到了，不過，他不會用同樣的方式去羞辱別人，他只想繼續往前衝，李明哲默默在心裡對那位大老說：「從今開始，你已經看不到我的車尾燈了。」

李明哲很喜歡一部卡通電影「動物方城市」（Zootopia），裡面的小兔子想要當警察，卻受到輕視，因為在動物的世界裡，警察都是老虎、犀牛等大型動物才做得來，但小兔子運用自己的靈活和機智，變成屬於她自己夢想中的警察。其中一句話是李明哲最喜歡、常常在演講時分享的，就是：「不管你是哪種動物，改變從你自己開始。」（No matter what type of animal you are, change starts with you.），絕對不要妄自菲薄，不要屈服於別人以自我眼光對你的評價，而是要用自己的努力來改變別人的成見；因為在動物城裡，每一隻動物都有無限的可能。

## 點石成金

移植器官可以看到生命神奇的復甦與轉化，
器官是一個很物化的東西，
但透過手術，讓一個人起死回生，所產生的現象和效應，
已經不只是一個器官了，而是一個活生生的人；
器官移植就像是魔術、是點石成金的仙女棒。

剛開始要朝向器官移植發展，李明哲覺得好像身為一個外科醫師，如果能夠操作移植器官這樣高階的手術，好像就比別人厲害一點。在虛榮心和想要自我挑戰的心情下，李明哲進入了器官移植領域。但進入之後，他也同時感受到生命轉化之間的奧妙，了解了這不是一件簡單的事，需要很多人、很多團隊和環節配合參與的手術，即便今天器官移植成功完成了，榮耀絕對不是來自個人。

器官移植醫師感到最療癒的時刻，應該是鬆開血管的夾鉗，血液

流進肝臟或腎臟，看著新的器官展露蓬勃的生命力、變成健康的粉色，並開始製造膽汁或尿液，代表著滋潤新生命的汁液。

移植器官可以看到生命神奇的復甦與轉化，器官是一個很物化的東西，但透過手術，讓一個人起死回生，所產生的現象和效應，已經不只是一個器官了，而是一個活生生的人；器官移植就像是魔術、是點石成金的仙女棒。

在器官移植的領域裡，肝臟移植是一個很高的門檻。屍肝移植是從腦死病人身上取下肝臟進行移植，移植醫院必須累積一定的屍肝移植數和成績，才可以申請做活肝移植。

早期做肝臟移植手術，病人常常都會失血很多，通常病人可能會流血好幾千毫升都是常態。曾在匹茲堡史達佐醫師門下訓練的柏德・蕭醫師在《站在器官移植前線》中說過，當年手術，醫師們的腰部以下經常泡在血水中，當時他見識過各種程度的出血，有幸運不太多的，也有出血量大到醫師必須站在臺子上，才能離開地面的積血。

肝臟是非常脆弱的器官，血管密布的程度就像一團棉花，一不小心就會出血。從匹茲堡回來後，準備了三年，李明哲在二〇〇三年第一次做肝臟移植，非常緊張，因為他知道當時的移植團隊裡，只有他一個人會做移植手術。所以他到模擬醫學中心，先用大體老師模擬手術演練一遍。為求慎重，他委請臺大醫院的胡瑞恆教授來主刀，自己當助手。手術雖然很成功，但一個多月後病人因為併發症腦中風死亡。

有了一次經驗，心裡比較踏實，第二次李明哲就自己主刀。這是一位從北部轉過來的病人，因為病人在北部排隊等肝等不到，當時活體肝臟移植還在萌芽階段，做的人不多，北部的醫師建議這位病人到東部來排隊，機會比較大。這個病人是因為B型肝炎引發的肝硬化而需要換肝，但是病人因為之前開過很多次刀，曾有腹水、腹膜發炎等，所以體內器官沾黏得很嚴重。李明哲將捐贈者的器官摘下後，準備幫病人換上新的肝臟，但在他的肚子裡東翻西找，卻怎也找不到門脈（通往肝臟的血管），因為門脈已經結痂，沾黏的腹部一剝離就流血，根本看不到在哪裡……。

他在手術臺上欲哭無淚，心想完蛋了，幾乎就要放棄了，但他又無法放棄，他一想到如果自己放棄了，病人就得死，他只能硬著頭皮繼續努力的在病人肚子裡翻找，過了好久好久，他突然看到一股很大的血管球，那是「側枝循環」；因為原本的血管已經結痂了，所以身體的循環系統另外走出一條路出來，叫做側枝循環，就是俗稱的靜脈曲張。李明哲喜出望外，這時候就只能接在這個血管球上了，他趕緊將肝臟接上血管，血液順利流入肝臟，終於移植成功。那次手術總共開了二十幾個鐘頭，他開完刀只覺得好累好累幾乎躺在地上。但是手術很成功，病人一直存活到現在，依然很健康。兩個月後，李明哲又順利的完成第三例肝臟移植手術。

第四例肝臟移植的病人是西部人，因為B型肝炎引起的肝硬化而來花蓮慈院登記肝臟移植。當時病人還非常年輕，才二十幾歲當兵剛退伍就發病。那時候大林慈院正要開始發展肝臟移植，有天正好有一位器官捐贈者捐出身上所有的器官，李明哲推薦這位病人到大林慈院去做肝臟移植，而李明哲也到大林慈院協助尹文耀醫師進行手術，肝臟移植完才又帶著兩顆腎臟回花蓮繼續做腎臟移植。但病人移植後出現併發症，一直黃疸，李明哲又趕快向花蓮慈院商借了洗肝機來治療，最後終於幸運的康復了。這位年輕人為了感謝慈濟醫院，後來更成為慈濟志工，希望能夠回饋社會，回報這份救命之恩。

東部的第一例活肝移植，是在二〇〇七年七月執行。一對來自臺東的父子，父親罹患酒精性肝硬化，還在讀大學的兒子決定捐肝救父，移植手術非常很成功。父親擔任墓地的風水師，以前總是菸酒檳榔不離口，康復後，兒子一直勸父親要戒菸戒酒戒檳榔，李明哲也常常在他回診時殷殷叮嚀，但病人都沒有真正聽進去；後來這位病人罹患口腔癌，回到門診跟李明哲懺悔，但千金難買早知道，這位病人最後在肝移植後十年死於口腔癌，雖然不是因為移植而去世，李明哲仍感到相當遺憾，但病人的家人，至今仍非常感謝李明哲。

## 東部偏鄉也有**國際醫療**

這是他第一次感受到國外的民眾相信臺灣的醫療，願意在這裡進行器官移植這麼高風險的手術。

慈濟醫院雖然位於臺灣東部，卻有不少外國人不遠千里而來，希望在花蓮慈濟醫院做器官移植。第一個到李明哲移植門診掛號的國際個案是一位英國男士，他是和平電廠的工程師，因為腎衰竭，想做腎臟移植，同為英國人的太太願意捐腎給他。

李明哲問他，英國是器官移植的大國，發展很早，為什麼不回英國移植？英國工程師回覆，因為英國的醫療體系屬於公醫制，醫師們就像公務人員，每天只上班八個小時，所以要等移植要等非常非常久的時間，「我曾經有朋友骨折，等到骨頭都快長好了還沒手術」。工程師說他覺得臺灣的醫療比較有效率，而且他也很相信臺灣的醫療水準。

於是他們很順利的在花蓮慈濟醫院完成了活體腎臟移植手術，這也是李明哲第一次感受到國外的民眾相信臺灣的醫療，願意在這裡進行器官移植這麼高風險的手術。

後來有一位馬來西亞的慈濟志工，因為姊姊腎衰竭，他願意捐腎臟給姊姊，也來請李醫師幫忙，雖然手術很成功，但回到馬來西亞之後，有一次姊姊不慎感冒入院治療，最後因為嚴重感染而過世。另外還有一位是馬來西亞的校長，他的姪女願意捐肝給他；原來校長年輕的時候是老師，曾經教過自己的姪女，但以前不知道有親戚關係，後來校長發生肝衰竭，年輕時曾受教於老師的姪女願意捐肝，雖然姪女的親人都不贊成，但有先生的支持，順利捐出部分肝臟救老師，先生認為如果太太很想捐、只要對身體沒有害處、可以幫助別人，他都支持。

這位校長因為B型肝炎而發生肝硬化、肝衰竭來到慈濟醫院，李明哲接到時，很納悶為什麼不在馬來西亞手術，還要遠道來臺灣。原來馬來西亞的醫師告訴校長，B肝是禁忌症，不能做器官移植，所以來到臺灣。李明哲相當訝異，因為臺灣有百分之六十做肝臟移植的人，都是B型肝炎引起，讓他感受地域性差異很大。

還有一位令李明哲印象深刻的，是一位二十出頭的年輕人，剛出生不久就被領養，從小身體不好，常跑醫院，還曾在馬來西亞做過治療膽道閉鎖的葛西氏手術。也因為先天異常，基因有缺陷，長大後導致肝衰竭。令李明哲印象深刻的不是這個孩子，而是領養家庭對他視如己出的愛。

李明哲問這對父母，「既然那麼難養，為什麼沒有拋棄他？」這對父母很堅定的回答他，「既然已經領養了，不論怎樣都要把他照顧好。」讓李明哲覺得這對養父母親非常偉大。他們為了來臺灣求診，經歷了相當的困難，花了非常多的心思和金錢才將孩子帶來臺灣，後來是這對父母的親生女兒、也是這個男生的姊姊捐出部分肝臟給他。

雖然彼此沒有血緣關係，但是姊姊也非常疼愛這個弟弟，完全樂意捐出部分肝臟給弟弟，整個過程她都帶著微笑，只有第一天開完刀，因為傷口痛而稍微皺眉。

但也因為移植手術，李明哲發現這個二十出頭的男生未曾做過「膽道閉鎖」或任何手術，讓父母親也相當驚訝，這也讓他更加確認，誠實是醫師必須具備的條件。

這些國際醫療的病人願意特地到人生地不熟的臺灣進行手術，也讓李明哲對慈濟醫院的移植醫療實力更有自信。

## 團隊合作 扛起責任

器官移植在臺灣發展已逐漸成熟，活體的腎臟移植和肝臟移植現在更是慈濟醫院的常規手術，每個月固定進行。但要進行器官移植還是要非常審慎，總共需經過四次的訪談評估，分別為移植醫師、心理師、社工師和精神科醫師，四組人層層把關。移植醫師做醫療評估、心理師和精神科醫師做心理層面的評估、社工評估社經關係，最後再統整所有資料送至器官移植倫理委員會審核，審查結果如符合醫學倫理和常規，委員會就會發函同意手術。

從病人踏入門診希望移植到手術開始，除非是很緊急的狀況，一般大約需一個月左右的時間，讓捐贈者可以沉靜下來思考，是否有強烈意願捐贈器官。因為捐贈器官也是冒險，人生未來的事難以預測，李明哲會讓捐贈者清楚明白活體器官捐贈的風險：所有的器官捐贈者，尤其是腎臟或肝臟捐贈者，手術過程中都有可能發生死亡等等風險，一定要在全然了解的前提下，經過層層縝密的術前評估，才有資格做捐贈，如果有疑慮，就絕對不要捐贈。

活體器官捐贈跟屍體器官捐贈不一樣。屍體器官捐贈，屬於公共財的概念，由中央機構統一分配，不涉及親屬和非親屬的關係，器官捐贈移植登錄中心對於每個器官都有不同的分配原則。活體器官捐贈屬於指定捐贈，臺灣規範需要五等血親內才能捐贈，但因為肝臟取得困難，病人也常常具有急迫性和嚴重性，需要擴大可能的捐贈來源。為了讓病人更有機會獲得器官，除了血親之外，肝臟也開放五等姻親內可以活體捐肝。

目前器官移植的技術非常進步，慈濟醫院腎臟科的血漿分離技術，可以洗去抗體，包括血型不相容、抗體太高、交叉反應試驗陽性，高致敏因素等都可以克服。

通常為了更好的移植成績、更簡單的移植過程，如果有更合適的捐贈者，就不會刻意嘗試去做複雜或有條件需要克服的手術。但囿於捐贈者的來源很少，所以醫療團隊就致力於克服免疫的排斥反應，讓受贈者可以有更多機會獲得器官做移植手術。對於肝臟移植來說，有時候沒有血親關係反而更好，因為基因太接近，肝臟反而容易產生排斥。左右肝結構雖然不同，但功能一樣，因為右肝的體積比較大，大部分的成人捐贈者都是切下右肝捐贈給成人受贈者，留在體內的肝細胞還是會再增生，也會膨大。以前肝臟移植手術常常血流成河，現在因技術不斷改善，出血量可以控制到非常少。

每個人的腎臟原本有兩顆，捐出一顆之後，留下的那顆腎臟功能會變得更強大、廓清率也會變強。一般活體的腎臟移植，移植完病人就立即會有尿液。腎臟能承受的溫血時間短，當把動脈截斷了，沒有血繼續流入，腎臟就處於缺血的狀態，只要腎臟缺血超過四十分鐘以上，就會開始受傷。肝臟也有相同的問題。所以在執行活體器官移植時，為了提高移植的效率，通常是捐贈與受贈兩臺手術同步進行，互相等待。當受贈者的血管處理好，捐贈者的器官取下，就可以快速的把動靜脈接上。

也因為器官移植是一個高度精密、環環相扣，必須高度仰賴團隊的醫療過程，所以團隊合作和標準化流程格外重要，李明哲認為自己在臨床上最重要的貢獻，就是把移植所有的行政和業務都標準化。美國就是一個非常重視團隊合作的國家，病人要器官移植只需要跟醫院預約，會有一位類似臨床科的主管負責分配工作，大部分臺灣的醫師們類似個體戶，病人到醫院來找醫師，醫師就會自己一層一層幫病人處理。

慈濟醫院的器官移植中心是一個行政單位，負責協助送審、登記等行政事務，並不算是臨床科，臨床科就是可以執行醫療工作，就像目前北部的一些大型醫學中心會有移植外科，但也有的醫院是使用各科的轉介機制，但不論體制為何，器官移植就是需要每個人負責好自己的工作，互相照會，每個人都是一顆重要的螺絲釘。

因為關乎捐受贈者兩個人的生命，李明哲常要求參與的醫師把移植手術放在第一順位，這樣的要求並不是因為他是老師或老闆才這麼做，而是要求大家對這件事必須重視的態度。他認為如果今天是一個胃癌手術，團隊夥伴臨時有問題或不出現，自己辛苦一點把刀開完也是可以；但移植手術涉及的不是個人，每個人都知道自己的位置、要做哪一份工作，裡面只要一個環節出了問題，就會打亂整個手術，甚至停擺，影響的是團隊每個人，更遑論病人的安全了。

因此，雖然要參與移植手術技術非常重要，但他對移植團隊唯一的要求就是要有團隊合作的精神。技術再好，如果沒有團隊精神都沒有用。他訓練過很多移植醫師，但有的團隊意識不夠，甚至由情緒主導，像這一類醫師，李明哲就無法和他們合作，因為他無法讓病人的生命依賴在醫師的情緒上。

他知道醫療的世界裡，每個人都想當老大，很多醫術很好的醫師可以獨立作業，一些有個性的醫師不想與他人合作，李明哲都會苦口婆心的勸，這樣無法長久。因為他也曾經歷一個人做的時代，二十四小時沒日沒夜的開刀，但那並不是因為他不願意合作，而是因為沒有夥伴，只有一個人，所以只能硬撐。他知道那種痛苦，所以他一直認為不要一個人做，而是要團隊，唯有認真看待生命，認真看待自己的責任，才是病人之福，也才能互相支援。雖然還是會很辛苦，但在團隊合作下，移植手術卻能越做越順、越做越好。

## 醫學倫理及生命應該**思考的事**

腎臟末期的病人一完成新腎的移植，馬上會有尿液；肝昏迷的病人就會甦醒過來；心臟衰竭的病人馬上就有健康跳動的心臟。

李明哲認為，器官移植是一項很有挑戰性的任務，如果認真做好，會有立竿見影的效果。末期腎臟衰竭的病人一完成新腎的移植，馬上會有尿液；肝昏迷的病人會甦醒過來；心臟衰竭的病人馬上就有健康跳動的心臟。在器官移植手術上，可以看到生命奇妙的復甦，神奇的轉化。

剛開始做移植，他只想挑戰自我，只想完成醫療上的任務，並沒有想到倫理、法律等種種問題。但在親身經歷之後，卻感受到器官移植是一項很複雜的醫療行為，一個涉及很多人事物的醫療過程，讓他更想深入了解。

屍肝大部分都做全肝移植、但活肝則只能做部分肝移植，即是在活人身上摘取一部分肝臟種到另一個人身上，在技巧上其實都很複雜。過去是從屍體肝臟移植跨越障礙後進階到活體肝臟移植，當熟悉了屍體肝臟移植後，做活體肝臟移植就會覺得比較順利。所以大部分的醫師覺得活體肝臟移植在技巧上難度比較高，但李明哲認為那是過去的想法，現今因為屍體肝臟（腦死病患）的來源很少，臨床上大部分都是活體肝臟捐贈，做活體肝臟移植的機會比較多，一回生二回熟，反而覺得活體移植比較簡單。

雖然現在活體器官移植較容易取得，但是李明哲覺得這是不對的。因為活體移植是用一個仍有創造產值能力的健康人來做為捐贈者，而且要使用他正在使用的器官來捐贈，卻摒棄了原本腦死後可以使用的器官。

雖然有人認為活體器官移植的預後更好，但李明哲認為，所有器官衰竭的病人，原本確實都是邁向死亡之人，醫師和國家的醫療體系，願意窮盡一切能力來協助他們延續生命；腦死病人的器官若不使用也會敗壞，若能再拿來使用，則是延續器官的價值，就如心臟移植，也一定要一人死亡後才能給另一人使用。若非逼不得已，為什麼要使用一個活生生的人還在使用的器官呢？

而且移植器官之後，也不是就萬無一失。藥物都會有半衰期，器官移植之後也會有，所有的器官都有損壞的可能，半衰期的標準是平均一百個病人做了移植手術後，統計過多久會有一半的人移植器官會再度損壞？移植後的器官，包括長期服用抗排斥藥物、或是身體原有的疾病對移植器官再度造成的損壞，都會對使用年限造成影響。一般屍體腎臟的半衰期是十至十二年，活腎可以使用到二十年。肝臟的半衰期則取決於受贈者的原發疾病。

肝癌要以期數來做判別，通常肝癌患者要進行器官移植，必須符合米蘭準則、或加州大學舊金山分校準則去做移植手術。符合準則標準下去做肝移植，可以達到五年存活率百分之八十的成績，這也是目前所有治療肝癌成績中最好的方式。但因癌症有復發的風險，所以預後也較難預測。如果是因為基因異常而引起的代謝性疾病，通常換肝後問題便解除，使用新肝二、三十年則沒有太大的問題。

酒精性肝硬化最大的問題在於病人大多酗酒成癮，換肝後大都會繼續喝酒，只是程度不一而已。而病毒性肝硬化，譬如B型肝炎和C型肝炎，過去沒有藥，換完肝後容易復發，手術後五年存活率達百分之七十五。但肝臟移植技術日新月異，以前使用環孢靈素的時代，肝臟移植的成績不好，抗排斥效果不是那麼有效，一直到新藥FK506上市後成績大好。世界上最早使用這類抗排斥藥的醫師就是匹茲堡的史達佐醫師，Fk-506對於改善肝臟移植後的排斥現象有相當好的抑制效果，於是成為現今的常規用藥，讓肝臟移植成功率更高。

醫療不斷演進，器官移植的成績也會不斷提升，手術方法和選擇標準也會不斷改變。常常會有病人跟李明哲說，「既然器官還是會壞，為什麼還要移植？」李明哲會問他：「既然人都會死，那為什麼要生出來？」他會希望病人換個心境去想，「既然我有了一顆健康的腎臟，有了健康的器官，接下來的這段日子，我要怎麼去過？」這也是他要求病人一定要去思考的事。

李明哲認為，病人該想的不是我還能活多久，而是「我多賺了那麼多年，我應該要做什麼？」尤其現在器官衰竭病患屬於重大傷病，施行了器官移植這麼耗費成本的手術，病人其實連部分負擔都不需要。有時候病人回診，李明哲會問病人：「現在身體好了，你要做什麼？」病人說：「我要退休環遊世界！」李明哲會馬上罵病人：「你怎麼可以這樣，我把你救活、把你身體醫好，是要你為國家效勞！」病人通常會啞口無言，李明哲知道，病人一定心想，我好不容易才有健康身體，還要聽你長篇大論說教，好辛苦啊……。

李明哲很了解不論是肝衰竭或腎衰竭的病人，過去真的是過得很辛苦，他知道很多病人會覺得，「我過去那段時間太辛苦了，現在身體好了，要好好對待自己。」但他會提醒病人：「你有沒有想過你這些器官是怎麼來的？是有人因為意外又很善心的捐出來、而且政府分配給你喔。」所以受贈者在門診追蹤時，只要願意回到正常的工作崗位上，他便覺得很難得而非常感動，感動於病人有為社會回饋一份心力的想法。

# 生命最後的溫度

當有人問病人，是誰讓你擁有全新的身體，病人會說，是李明哲醫師。
李明哲會說：「不對，是捐贈者。」
醫生只是媒合者，做了一件醫生原本就該做的事。

在臺北西門町，有一間蔬活餐廳，李明哲和器官移植中心的同仁、志工一起到臺北參加登錄中心舉辦的器官捐贈日路跑後，一起去用餐，這是一位捐贈者的母親所開的餐廳，經過了多年，終於和這位母親再度見面，李明哲和這位捐贈者母親都非常激動，李明哲覺得自己沒有碰過這麼勇敢的人，她的冷靜自持，更提醒自己在器官移植這條路上，要步步為營、謹慎踏實。

多年前一位東華大學的女學生，晚上到花蓮市區參加教會活動，結束後，騎摩托車返回學校的時候不小心發生車禍，送到醫院後已經腦死。女孩的媽媽跟姊姊從臺北趕過來，氣質優雅的媽媽沒有歇斯底里也沒有痛哭，過程非常的鎮靜。通常在器官勸募時，移植醫師是不會出現的，但是那一次李明哲被通知，家屬想了解整個器捐過程，希望他能去解釋。

李明哲見到家屬後，就開始解釋如何判定腦死，可能的預後，女孩的母親希望有方法可以確定腦死，因此醫療團隊為女孩做腦波的試驗，腦波確實沒有任何反應，這位母親也確認了手術過程中女兒會不會痛後，當下就決定捐贈女兒的器官。

整個過程，這位媽媽都非常平靜，讓李明哲印象非常深刻。完成捐贈之後的兩個星期，他收到了女孩媽媽從日本寄來的一封信，這封信是用旅館的信箋書寫的。他在信中告訴李醫師，在經過了非常難過的決定後，她毫不猶豫的和大女兒一起出國到日本沉澱心情，信中非常詳細的描述了她做決定的整個過程和心境，同時感謝醫療團隊給她很詳盡的解釋，讓她的女兒做了很好的決定。在信中李明哲可以讀出在女兒突然車禍腦死的當下，這位媽媽的內心有多麼的悲傷和痛苦。

那一年的感恩音樂會，器官移植中心邀請她來，致贈感恩匾額，但自從那次之後，就再也聯絡不上這位媽媽。有一位同仁非常鍥而不捨的每隔一段時間就試著聯繫她，直到經過了五、六年，終於有一天這位捐贈者的媽媽接起了電話，他們才得知媽媽剛開了一間蔬食小館。媽媽坦言心情還沒平復，約定一年之後再相聚。一年多之後，器官移植團隊到餐廳聚餐，李明哲見到久違的家屬，媽媽還是一貫的優雅、笑臉迎人，只是誰也沒有提起失去的那個女孩。李明哲知道，當媽媽為女兒做出捐贈器官決定的當下，面對失去心愛的孩子，內心是非常痛苦的，但她仍然承受並做了她覺得正確的決定，真的是非常勇敢。

每位捐贈者背後都有一個故事；而每一位捐贈者的器捐手術，對每一個家屬來說，都是永遠的最後一次。李明哲認為，不論他做過幾次器官摘取手術，他都不會有「這是一個常規手術」的心情，他會透過非常標準的作業流程，來達到生命末期臨終照護的目標；尤其是最後的大體護理和復原，不但照護捐贈者，也照顧到家屬的心理與感受。因此李明哲將大體護理定位成一個醫療行為，一個沒有健保給付仍要執行的標準作業流程。

有感於之前在匹茲堡時，日本同事對生命的尊重，李明哲要求移植團隊一定要適度表達對捐贈者的尊重，從捐贈者進入手術室開始，李明哲會帶著移植團隊一起表達感恩；手術結束後，團隊會幫捐贈者進行大體護理，為其整理妝髮；大體護理結束，所有的工作人員會圍在大體兩旁默禱與感謝，再一起推著捐贈者到開刀房的出口，讓家屬做最後的告別和瞻仰，醫師會再跟家屬說明一次手術的流程，以及捐贈者最終完成了哪幾種器官的捐贈，最後全體工作人員再與家屬一起默禱感謝捐贈者。會讓家屬於捐贈者接受器官摘取後再一次瞻仰，是因為李明哲相信醫療團隊已經做足了對捐贈者和家屬的尊重，他希望讓家屬感受到捐贈者是多麼的被敬重的對待，而他以身作則對捐贈者與家屬致敬，也讓所有醫療團隊體會到該如何用行動表達對捐贈者與家屬的關心與祝福。

捐贈者用人生最後的溫度，挽救了其他病人的生命。李明哲認為如果自己是捐贈者家屬，最感動的時刻就是在醫師出了開刀房，親自告知自己的家人捐贈了哪些器官、做了什麼偉大的貢獻，還有親眼看見醫護人員是多麼尊重地對待自己的家人。

在醫院裡，舉凡致敬儀式、傷口縫合、如何對待病人及家屬，李明哲都會帶著醫療團隊一起做。外科醫師其實都受過精良的醫學訓練，但有一次一位捐贈者在手術結束包紮後，傷口還是慢慢的滲出血來，如果醫師是按照幫一般病人手術時縫合傷口的方式去做，傷口不可能會滲血，所以李明哲斷定這位醫師必然沒有按照常規方式去縫合，他詢問負責縫合的那位醫師，醫師承認自己在縫合時少了一個步驟，因為他認為病人已經往生了，其實不需要以幫活生生病人縫合傷口的規格來進行。

李明哲聽完非常生氣，他告訴這位醫師，不應該把捐贈者當作一具屍體來處理；但他也理解，也許有些醫師參與手術是想做摘取與移植器官，他們不認為傷口縫合或大體護理這種類似「關懷」的行為，是他們的職責，應該是協調護理師或是社工師的工作。但李明哲覺得欣慰的是，慈濟體系裡面的醫師受環境影響很深，所以他們都「樂意做」，有時候自己忙著去做手術，沒有留在現場，其他人都會接力完成，不管是那一科的醫師、護理師，他們細心為捐贈者做大體護理、化妝、帶假髮，將最深的感謝用最真誠的行動來表達。

臺中慈院曾勸募到家屬同意為腦死病人做器官捐贈，經過線上配對後，中部某家醫院派了兩位醫師到院取器官，他們摘取完就要離開，協調護理師詢問他們能不能先留下來，幫忙縫合好傷口再離開，但他們給協調護理師的回答是：「我們肚子很餓，都還沒吃飯。」就頭也不回的離開了開刀房。

協調護理師一時不知如何回應，非常生氣的跟李明哲敘述這件事，李明哲請協調護理師再多溝通，若再遇到同樣狀況，可以好好的跟對方說：「對你來講，不過只是餓一餐，但對這位捐贈者來說，他已經奉獻出他可以奉獻的器官，完成了他這輩子的功課，能不能為了他，再餓一次？」沒想到下一次臺中慈院又有捐贈者，邀請李明哲過去協助，剛好又是同一家醫院的同一組人來取器官。李明哲心想，他們這次是不是又想拿了器官就走？當他們拿完肝臟，接著李明哲拿腎臟，這兩位醫師仍站在他身後，他回頭問「你們怎麼還沒走？」兩位醫師回覆：「我們等著縫合傷口。」李明哲告訴他們可以先趕快把器官送回去，今天他在場，可以處理沒問題，他們仍說沒關係，不麻煩，可以等，「器官已經送回去了，我們留下來。」

經過這個事件，李明哲覺得這些醫師確實已經學習到對捐贈者的尊重以及醫療的溫度，他也相信，慈濟醫療體系在北中南東都有醫院，透過這樣的合作，可以用慈濟的力量去影響這些醫院，改變很多醫院的做法和觀念，在器官捐贈上可以更人性化、更有人文氣息，他也欣見確實有越來越多醫療機構被影響。

「我們當然很急，但不管急不急，這些事情都應該有人去做。」李明哲比較遺憾的是，因為做這些事的大都是同一組人，同一組人還要做評估、手術摘取，還要做人文，而摘取完繼續去做移植手術的還是這些人，所以他們疲於奔命，很多時候無法盡善盡美，所以如果能有更多人來分攤不同的工作，就可以做得更好。

所以每當有人問他的病人，是誰讓你擁有全新的生命，病人會說，是李明哲醫師。李明哲會立刻糾正：「不對，是捐贈者。」他認為自己只是一個媒介，醫師摘取與移植捐贈者的器官，媒合了捐受雙方，所以醫師只是一個傳愛的媒介。受苦的是病人、奉獻的是捐贈者，醫師只是用自己的能力幫忙完成捐者最後的心願與執行受者的移植手術而已，李明哲說，這些都只是身為醫師，本來就應該做的事。

為了照顧捐贈者家屬，他臨危受命，接下了社團法人中華民國器官捐贈協會理事長的任務。器官捐贈協會成立於一九九三年，當時成員包括各醫院社工、移植醫師、受贈者與捐受贈者家屬，在器官捐贈移植登錄中心還沒成立前，協會的任務包括了器官勸募的宣導、政策制定等等，責任重大；登錄中心成立後，器捐協會的功能逐漸轉弱，現在器捐協會以照顧捐贈者家屬為主。三年前李明哲承接下來後，工作方法和規劃和過去不一樣，他透過系統性的工作規劃，認真的在做家屬關懷和捐贈的推廣，也加強與移植醫院的交流。他還從美國北加州OPO - One Legacy學到了製作「愛的回憶寶貝盒（Memory Box）」，他覺得這個點子很不錯，用一個小箱子，裡面放了協會的各種DM、宣導品、小繪本、筆記本，讓家屬知道社會對他們的感謝與社會資源的連結與聯繫方式，捐贈者所在的醫院、受贈者的移植醫院、或任何人對他們的感謝，也都可以放在寶貝盒中送給家屬，家屬則可以把捐贈者的私人物品放在裡面做為回憶。李明哲期待透過回憶寶貝盒與家屬產生連結，重要的是，當真的需要幫助時，家屬可以在裡面找到電話和聯絡方式，讓家屬知道他們身邊一直有人陪伴。

李明哲除了喜歡開刀，他也很喜歡手作，更喜歡在活動中跟大家交流、聊天。他其實是一個活潑、喜歡交朋友的人，讀醫學院的時候，參加過學校社團杏青康輔社會服務團，還經常擔任社團晚會活動的主持人，演戲、搞笑都很擅長。他也在器官受贈者的聯誼活動中，用蝶古巴特貼拼貼設計了一個愛的回憶寶貝盒，並將所有在器官移植領域所獲得的、珍惜的徽章，都放進這個小小的盒子裡，細心珍藏。

# 第五章

# 我還有夢

**從北部拎著「一卡皮箱」到東部，**
**從菜鳥醫師開始，在有限的資源下，**
**藉事練心、練就十八般武藝，**
**逐步成長也開拓出屬於自己的專業領域，**
**奉獻自己的能力給這個**
**他從大學時代就深深被吸引的地方。**

李明哲在東部生活將近三十年，儘管每次想走都沒走成，深深的緣分，他鄉已成為故鄉。他不但安家在花蓮，病人遍及宜蘭、花蓮、臺東三縣外，他將器官移植的醫療能力也從東部拓展到臺灣北中南各地。在偏鄉深耕多年，他的生命歷程跟東部的醫療發展史緊緊相扣、息息相關。已然成為東部人的他，希望自己和所有臺灣東部人一樣，都能在地享有安全、完善的醫療服務，他想要為東部打造一個可以安居樂業、安心就醫的醫療環境，讓每位東部鄉親都知道，自己不論發生任何疾病或意外，都可以在花蓮獲得最專業的醫療品質，那樣的安心和放心，就是他的夢想。

# 慈濟培育的第一位外科教授

只要腳踏實地的認真，
偏鄉也能出頭天。

走入李明哲那間不算大的辦公室，一進門就可以看見門邊的鐵櫃上掛著家庭合照、孩子的照片、太太年輕時穿著博士袍燦笑的沙龍照；辦公桌旁的矮櫃上放了很多的紀念品，有病人送的銅門刀、病人抄寫裱好的般若波羅蜜多心經，以及他購買的各種內臟模型，自行拼裝的頭骨模型。李明哲喜歡拆解、組合模型，除了他喜歡手做外，他覺得模型是很好用的教材，尤其在跟病人講解手術方式、或跟學生教學的時候，利用立體的模型來說明，簡單又容易明白。

正對大門的一大片白牆上，懸掛著他三十多年行醫的軌跡和努力的痕跡，有外科專科醫師證書、消化系外科專科醫師證書、腫瘤外科專科醫師證書，他的國家醫師證照、匹茲堡醫學中心史達佐醫師簽名的訓練結業證書等。其中李明哲最引以自豪的，就是二〇一八年，由教育部長吳茂昆核發的教授證書。

二〇〇五年，李明哲接下外科部副主任時沒有任何教職，連講師都不是。當時他已經在讀博士班，是二〇〇二年慈濟大學第一屆臨床醫學研究所的研究生，那一屆博士班，卻只有他一人沒有畢業。

當時的李明哲覺得學術研究不是那麼重要，每個人對成功的定義不同，他對成功的定義是——臨床務實、工作完美、使命必達——病人狀況處理完善、完成困難的手術、把住院醫師教好、把科部管好、同時提升醫院的知名度，這樣自己就成功了。

在擔任外科部副主任那兩年，需在有限的時間內協助醫院完成教學醫院和醫學中心的評鑑，各項教學和管理的改革不停進行，還有外科部本身忙碌的行政工作，李明哲根本無暇再顧及博士班的課業。

二〇〇七年，他被解除外科部副主任的職務後，心情沮喪，而博士班的學業也因為過去忙碌而荒廢殆盡，讓他決定休學。此時，他間接耳聞住院醫師被新任主管訓示：「會開刀沒有用，你要會做研究、有教職才是王道。」等語，這番言論讓沒有教職的李明哲覺得很反感刺耳，但又覺得好像有點道理，難以反駁；從那一刻開始，他意識到自己缺乏了什麼。前幾年，他都專精在提升自己的醫術、致力於在臨床上幫病人解決病痛、恢復健康，這原本都是他引以為傲的優點，但到了此刻卻變成了缺點。

其實早在二〇〇五年，他曾在慈濟科技大學申請升等助理教授，未獲通過，於是他就放棄繼續做研究。而這一次他又跌了一跤，他意識到自己的缺點，甚至成為話柄，他又變成一顆被往下壓的皮球，但這次還有機會可以高高彈起嗎？研究這條路他從沒認真走過，所以不代表他不適合或者做不到。他分析要拿到教職有兩條路可走，一條路就是把博士班讀完，一條路就是以著作升等。

於是他一邊恢復博士班的學業、一邊跟老師黃士哲教授合作研究計劃。黃士哲是內科部主任，也是資深的腸胃肝膽科醫師，透過內外科合作，李明哲徵得病人同意，將病人身上拿下來的膽囊在實驗室裡進行研究人體的膽囊收縮機轉，測試什麼藥物會跟膽囊肌肉收縮產生反應。這項研究非常成功，論文也順利發表，讓他博士班還沒畢業，二〇〇九年就以此著作升等為助理教授。

做事總有規劃的李明哲，給了自己五年的時間去升副教授，不過搶分爭秒的他，四年就達標。原本他想，做到副教授就好，不需要每件事都那麼辛苦，但一旦朝向目標前進就停不下來的他，又設定了要用六年的時間升等教授。雖然二〇一〇年後，他承擔外科部主任長達八年，繁忙的行政及管理工作纏身，臨床業務也要兼顧，他還是努力抽出時間做研究、寫論文，終於在二〇一八年，以《在腎臟移植病患動脈硬化危險因子的探討》為題，獲得教育部審定合於教授資格，頒予教授證書。

比原訂計劃還早一年，李明哲在五十三歲時成為外科部裡最年輕的教授，也是慈濟第一位從住院醫師開始培養出來的外科教授。這是他再一次靠著一點一滴的努力，沒有偏廢醫師的職責和精神，努力的在醫學的研究、醫治與教學之路上達標。他很感謝那些看不起他的人，這些鄙夷的眼光反而成為鞭策自己前進的動力。現在人生已經轉換到另一個境界，再回頭看著那些當年嘲笑他的人卻還在原地踏步，他不想去嘲弄報復，只是要證明自己，「只要腳踏實地的認真，偏鄉也能出頭天。」

他很喜歡一九六四年諾貝爾和平獎得主馬丁路德金恩博士的一句話：「If you can't fly, then run; If you can't run, then walk; If you can't walk, then crawl. But whatever you do, you have to keep moving forward.」（如果你不能飛，那就用跑的；如果你不能跑，那就用走的；如果你不能走，那就用爬的。不管你用什麼方法，你都必須繼續前進，勇往直前。）訂定目標、穩紮穩打、勇往直前是他的人生哲學，李明哲說，「成就不難，認真就對了！認真不難，用心就對了！用心不難，但方向要正確。方向正確，就勇往直前，直到終點為止。」

## 醫者的品格：悲天憫人、誠實、正直

身為一個外科醫師，把人救活本來就是我的本分事，我不希望別人報答，因為這種報答，會讓我覺得我褻瀆了醫師的身份。

一九九二年，住院醫師李明哲剛結完婚，陪妻子蔡娟秀飛回美國賓州大學中途，他們轉到夏威夷小度蜜月。有一天下午，他們沿著海岸走到一處人跡罕至的沙灘，蔡娟秀覺得當下氣氛浪漫，風景醉人，就提議脫衣下海游泳，但被李明哲一口回絕。

「我們下去游泳啊！」「不行，沒有穿泳衣。」

「沒關係啊！這裡是夏威夷，誰管你有沒有穿泳衣！」「不行！」

「那我們穿短褲！」「不行，游泳要穿泳衣！」

「可是這麼浪漫，蜜月不就要做一點平常沒有做過的事……」

「不行！」

那一次終究沒有浪漫的跳下夏威夷的大海，那也是他們結婚後第一次吵架，蔡娟秀也終於了解，自己嫁了一個非常重視規範的人。

時間流逝，二〇二〇年，蔡娟秀和李明哲利用假日清早，到花蓮近郊的楓林步道健行。一樣走到一處人跡罕至之處，四周都是茂密的野生竹林，蔡娟秀想就地採一根當季鮮嫩的桂竹筍回家做菜。

「欸，這些都是野生的我們採一根！」

「不行，這別人家的！警察會來抓你！」

「這明明就野生的，而且荒山野地，哪來警察管你啊！」蔡娟秀覺得李明哲太小題大作。

「不行，不對就不對，野生的也不能採。」李明哲堅持。

蔡娟秀說，自己是一個不受規範的人，她認為在這個世界上只要沒有對不起別人，沒有人會一直監督著自己，不必什麼事都一板一眼。但先生的世界裡內建了許多規範，時時三省吾身，他覺得對就對、不對就不對，嚴以律己。也因此先生曾跟她說：「上人不是說要誠正信實嗎？我們做人本來就要誠正信實！」蔡娟秀從小是佛教徒，所以遇到任何疑難雜症，她都透過佛法詮釋人生之必然；但李明哲不是，他的哲理是以自己的人生歷練後知其所以然。「所以我很欣賞李明哲這樣的人，他是，是因為他是，而不是信仰說他是。他不是，是因為他就不是，他也沒辦法裝是。」蔡娟秀道出對李明哲的近身觀察。

所以儘管蔡娟秀偶爾抱怨，他們家出門可以用餐的館子越來越少了，因為很多餐館，李明哲知道是病人開的，他都盡量不去；不是不想光顧，而是怕病人看到他上門不肯收錢；甚至家裡需要找水電師傅，李明哲也不准蔡娟秀找自己的病人來修，常讓蔡娟秀覺得他太不知變通，但李明哲曾跟她說過：「身為一個外科醫師，我把人救活就是我的本分事，我救他是我應該做的，不可以拿這個來取利，我不希望別人報答，因為這種報答，會讓我覺得我褻瀆了醫師的身份。」

儘管蔡娟秀常常覺得先生太過「龜毛」，但了解先生為人的她，認為更應該護持這份對生命單純的尊重和責任。每次有病人跟李明哲道謝，李明哲總是非常的開心，這份開心源自於自己不負病人的託付，而不是自認為是名醫、或者可以拿到多少社會地位和邀功，他的道德潔癖，到他覺得有那些想法都是丟臉的事。

李明哲非常推崇印度聖哲甘地這位智慧深遠的聖人。甘地很久以前即說過，有七件事會毀滅我們：

沒良知而快樂；
沒品格而博學；
沒原則而從政；
沒奉獻卻擁有信仰；
沒經過付出而富有；
不講道德而去經商；
不談人性去研究科學。

這七件事中，很多面向與行醫息息相關，讓李明哲格外觸動。他也有他自己的哲理，他認為當一位良善醫師，也一定要具備三樣特質，第一就是悲天憫人；第二個一定要誠實；第三是必須正直。

李明哲認為，這些特質對醫師來講很重要。要有悲天憫人的胸懷，才會有同理心，能因為幫病人解決困難而感到歡喜；喜歡與病人相處，才不會只把病人當成賺錢的工具。

擁有誠實的特質，才能誠實的面對自己、面對病人。李明哲深知，病人從來不會了解醫師開刀時在身體裡「做了什麼好事」，所以他常常跟學生耳提面命：「你開完刀，病人只看得到你的傷口畫得漂不漂亮而已，如果畫得漂亮，他就覺得你是好醫師，就算你在肚皮下亂縫亂開，病人也不會知道。」李明哲接著說：「所以醫師一定要誠實的面對自己，無論如何都要認真做這件事，不論自己做得好或做不好都要告訴病人，也要誠實的讓病人知道他的預後。」

第三點，他認為醫師必須要正直，秉持著良心行醫。現在社會上充斥著誇大不實的現象，譬如將沒有療效的商品描述得很神奇，或者將某些術式誇大具有完美療效。有一位女孩到李明哲的門診掛號，這個女孩身高大約一百六十幾公分，體重六十多公斤，她覺得自己太胖，所以去做了減重手術，做完之後覺得不對勁，就找李明哲求援。詢問之後才知道她找其他醫師做了縮胃手術，一般的縮胃手術通常只能用在嚴重以及病態性肥胖患者的身上，以她的身高體重根本不須要做任何縮胃手術。縮胃就是把胃切除，假如將胃縮到剩百分之十五後，是永遠無法回復的。縮胃是自費的手術，一次要花費二十幾萬元，可以讓執刀醫師收取豐厚的酬勞，為此那位醫師幫這位只是微胖的病人做了縮胃手術。李明哲感慨，醫師不夠正直才會這麼做，病人並不知道手術的後果，醫師擁有病人沒有的專業，除了要誠實讓病人知道手術的後果，更重要的是必須拒絕病人，告訴病人不能幫她做這種手術，才是一個正直的醫者該有的表現。

所以，雖然在學生、部屬眼裡看起來有點嚴肅的李醫師，在病人面前卻非常健談，甚至話有點多。很多醫師很喜歡跟李明哲一起查房，一是不會無聊，二是不太需要講話，因為李明哲會一直滔滔不絕。「我常常跟病人講完，問病人有沒有什麼問題？大部分的病人答案都一樣：李醫師，我要問的，你都已經說完了！」這是李明哲對自己很滿意的時刻，也是他年輕時自我訓練之後的日常，當一位醫師要解釋各種數據並給病人建議時，一定要先完整了解，對數據意義也要夠熟悉，才能如實表達也讓病人聽得明白。

有悲天憫人情懷的醫師面對一個病人時，必須正直、誠實的告知病人想知道的事情——譬如開刀有沒有危險、可以存活多久；以及應該讓病人知道的事——譬如罹患某個疾病之後有哪些選擇，每個治療方式的優缺點。同時在敘述時，也是同時讓病人知道他的主治醫師對這項醫療掌握度有多少。他最不能認同醫師只簡單跟病人說：「放心啦！沒問題啦！開刀就好了！」這是不負責任的話。當病人無法確實理解甚至無法做決定時，李明哲會給病人建議，「如果我是你，我會做什麼樣的決定。」醫師的責任就是給建議，並盡最大的能力去治療。

「醫師應該 You say what you know（說自己知道的），但很多醫師是 You don，t say what you know（不說自己知道的）。」李明哲看診時察覺，其實很多病人不知道自己不知道些什麼，所以醫師更應該去幫忙他們知道與理解。悲天憫人、誠實、正直，這些都是醫生要具備的特質，李明哲認為，這些特質以人性面來分析，本來就很不容易，但對醫師來說卻特別重要。很多醫師也不是一開始就具備，而是慢慢地培養出來；但也可能是本來具備了，後來卻被現實環境消磨殆盡。譬如誠實，醫師原本很誠實的告訴病人手術哪裡有些缺失，但卻被病人提告，慢慢的，為了避免醫糾，這位醫師很可能選擇不再百分之百坦誠，久了也有些人就忘了什麼是正直。

「所以我很佩服美國，雖然以它的強盛和資源，已經豐富到什麼都能做，但是很多技術，譬如複製人、胚胎幹細胞都明令不能做，因為他們知道一旦做下去，就可能會有很多難以掌控的事情發生。」「有些研究複製人的團隊，認為人體器官非常缺乏，可以把複製人的器官拿來作為移植使用，但一位活著的複製人難道不是人嗎？怎麼可以把他們當成產品？」各種因為醫療無法駕馭的道德缺失，讓李明哲深切體會甘地所說，有知識沒品格、沒有道德卻做科學研究，的確會發生很可怕的災難。醫術可以訓練、精進，但道德應該要凌駕在醫術之上，李明哲認為，醫學系六年當中，只要能教會醫學生「悲天憫人、誠實、正直」這三件事就夠了，醫學生若能體會身為醫者的真正價值，將來才有機會成為一名好醫師。

多年前，李明哲曾以一貫直接、不修飾的口吻，在網路上回覆一篇年輕醫師對行醫想法的文章，其中一段說道：「慈濟醫院曾經給了我醫師生涯中非常美好的許多年，讓我能夠當得像一位醫師：一位能夠真心為病人付出的醫師。慈濟醫院『視病猶親』的精神讓我十分嚮往。它曾經不是一個口號，我也希望您們能真正看到了我在真正的力行。而它也讓我在醫療糾紛發生時獲得病人及家屬的敬重及諒解。我希望下一代醫師，特別是慈濟醫學院的醫學生都能夠親身體驗實踐一個口號後所獲得的喜悅，那將是一種難以形容的感覺，不是金錢可以取代的……無論您的手術技術再好，學問如何淵博，論文的影響分數多高，學術位階如何，身為臨床醫師的我們如果無法真誠的對待我們的朋友，亦即您的病患，那這一切也只是您謀生及沽名釣譽的工具而已。」

# 願當後山**守護者**

我在花蓮三十年，因爲這樣的環境讓我有這樣的情感。我覺得醫療至少要做到三件工程，我們存在的這個環境，才夠稱得上安全的環境。

有一位女畫家，為了理想而移居臺東。某一天開車行經東海岸時，在臺東東河附近，一輛對向的車跨過中線直接撞上她的車，車子被撞得面目全非，救護車將女畫家就近送到臺東某家醫院急救，醫院認為傷勢太過嚴重無法處理，便趕快轉診到花蓮慈濟醫院，於是救護車又開了兩個多小時的車將她送到慈濟醫院。

當天剛好是李明哲值班，他接到電話，是急診的 Trauma call（創傷呼叫），意即一個有重大傷病的病人，必須立即啟動創傷小組因應。

通常創傷病人進入急診，創傷小組的 Trauma leader（創傷指揮醫師）必須在場先診斷病人傷勢，才呼叫不同科部的值班醫師支援，並依輕重緩急安排手術的順序。當李明哲接到急診室電話後，立即趕到現場了解，但一到急救區卻空蕩蕩的，只看到病床上躺著一位病人，旁邊一位護理師，還沒有任何醫師到場。當時病人血壓只剩下六十毫米汞柱，李明哲隨即詢問trauma leader在哪裡？急診回覆trauma leader正在開刀，要求急診先呼叫GS（一般外科，General surgery縮寫）醫師先處理。李明哲就是當天值班的GS醫師，他開始診斷病人，雖然病人意識狀態尚清楚，但耳朵會流出血水，他研判可能是顱底破裂造成；另外病人兩腳都骨折，腹部創傷，以及主動脈斷裂、血胸、氣胸……創傷指數高達四十三分，非常嚴重且命在旦夕，他請護理師立即將神經外科、心臟外科、骨科以及trauma leader呼叫過來。

李明哲解除trauma leader職務，自己接手擔任。因為病人腹部流血很急，他要求先看腹部，接著處理心臟血管支架，如果病人狀況維持，骨科再進來處理，腦震盪的部分檢查後狀況還好，可以晚一點處理。

但此時心臟外科表示沒有醫材可以使用，李明哲要求不論如何都要想辦法去調貨，在找到之前他先幫病人處理腹部出血，開刀前急診部醫師要求要做全身電腦斷層，李明哲要求速戰速決，病人必須盡快開刀才有活路。於是他先到開刀房準備，但等了十分鐘發現病人還沒推上手術室，把電腦打開來看病人正在做的檢查影像，發現女畫家的肚子裡面正在大量出血，他趕緊衝下去檢查室，顧不得電腦斷層還沒完成就火速把病人推到手術室緊急開刀！他的經驗告訴他，病人無法撐到做完檢查就會過世了。現在的每一分每一秒都是與死神拔河，病人被推出檢查室的時候已經沒有意識，也已量測不到血壓，李明哲等不及手術同意書都還沒簽署，就將病人推進開刀房，與麻醉科醫師分頭進行。李明哲先劃開腹部，將所有可以夾的血管都夾住，大鹽紗布塞滿腹腔止血，麻醉醫師開始輸血注射點滴進行復甦術。等到病人的血壓終於恢復了，沒有半刻耽擱，他繼續手術處理，越到腹部深處，才發現脾臟也破了、肝臟也破了，到處都在流血。他是越緊急越能穩住的人，一一把所有體內出血止住、損傷處修補完成，此時心臟外科進來接手。

由於病人遭到嚴重撞擊後主動脈斷裂，所幸血管外面的披膜還包著，但這樣的狀況開刀非常危險，只能先放支架維持。雖然支架暫時可以保住血管，但靠著披膜和支架撐住的主動脈非常脆弱，只要血壓太大就會立即被衝破，所以必須要讓血壓控制在八十到一百毫米汞柱之間，主動脈才不至於裂開。等到這些讓生命有立即危險的因子全部解決後，骨科才進入手術修補骨折。所幸病人的腦震盪只需暫時觀察，經過這番人仰馬翻的急救，這個病人終於被救活了，住院二十一天之後順利康復出院。

出院之後，女畫家回診時，畫了一幅名為「半生花」的油畫送給李明哲，感謝李明哲的救命之恩。女畫家說她回去車禍當下被救護車送達的臺東那家醫院申請就醫證明時，當初將他轉診的那位醫師看到她出現時嚇了一跳，脫口說出：「妳怎麼還活著？」她才知道當時其實醫師認為她已經回天乏術，只吊了兩袋血，就將她轉診到花蓮慈濟醫院。

李明哲認為，如果那天這位病人不是遇到他，也有可能會死，他不太願意分享這個重創急救、九死一生挽回一命的個案，他覺得醫院既有設定的搶救程序，有時也必須突破框架、更加靈活變通，才能即時應變，但也因為這樣，他更堅定厚植醫院創傷處理能力的重要性，會被稱為「major trauma（重大創傷）」通常都是又快又急又非常嚴重，唯有跨科的團隊合作、加上完整的系統性治療，嚴重創傷病人的存活率才能大幅提高。

東部因為地廣人稀，交通規則不是人人遵守，路上車輛不擁擠，容易超速行駛，導致創傷個案頗多。李明哲有一個夢想，希望能用自己的專業，建立一個可以守護東部民眾健康的3T醫療。其中一個T就是創傷（trauma），另外兩個則分別是移植（transplantation）、癌症（tumor），這些都是他可以使得上力的專業領域。

移植（transplantation）代表的是高科技的技術、高尖端的醫療，需要很多資源，投入巨大的人力物力，必須行政、醫療各科部室、各種專業人員、儀器設備等等都要有一定的訓練水準和合作默契。移植可以推展的時候，就表示醫院的醫療水準足夠，醫院願意投資成本在醫療品質上，可以提供的醫療服務就不再只是移植，代表著其他醫療項目也能享有更高水準的醫療品質。

所以醫院評鑑中很多項目，是以器官移植成績來作為評鑑標準，李明哲回顧過去幾年，他從無到有將移植醫學在東部漸漸發展成熟，在下一個世代，器官移植應該走上更精緻化。

第二則是癌症（tumori）的治療。癌症是近二十年十大死因的榜首，治療癌症已經是「顯學」及「主流」的醫療行為。不論是手術或各種疑難雜症，如果一家醫院有能力做任何癌症的尖端治療，花東地區罹患腫瘤疾病的病人就可以信賴這家醫院。「這是很重要的指標。

十大死因當中，惡性腫瘤已經排名第一位了，這就表示如果癌症治療做不好，就沒辦法提供照顧民眾健康的基本需求。」所以李明哲在擔任外科部主任、癌症醫學中心副主任時，便強力推動癌症治療發展，希望病人不必再遠赴外地求醫，並希望能將癌症治療更精緻化、個人化、多元化照顧，針對不同的癌症病人給予最適合的治療，他也從看診開始，協助規劃專屬病人個人一條龍的治療方式。「我接受和熱衷新觀念的程度，其實比腫瘤科或其他相關內科更前衛，」李明哲認為，「現在治療晚期肝癌，已經不是三、四個月的存活率，現在如果存活沒有超過十二個月，這位醫師不能稱自己是專家。」癌症治療的提升，是基礎、重要且必要的。

第三就是他一直想做但仍未能做好的創傷（trauma）醫療。創傷就是意外造成的傷害，李明哲認為創傷醫療是一件很慎重的事，不只是提供符合醫院評鑑所需的內容，而且是提供在地一個安全環境的必備醫療條件。雖然要做到非常成熟很困難，但在這個時代非常重要。

他認為，如果一個地方的醫療機構可以將治療創傷的工作做好，居民就能很「安心」的生活在這個地方。

創傷的病人隨時都有可能會死亡，他看到很多在花東臺九線上的病人，可能在路途轉送過程中就死亡了；但如果病人努力撐著，一息尚存地送進醫院，李明哲的自我要求是，無論如何都應該將病人的生命搶救回來。但現在整體的創傷和急救品質，他覺得還有許多可以努力的空間，科際間可以試著打破框架，讓搶救流程更靈活、更有彈性。現在就算不是他值班，他也告訴同科的值班醫師，如果半夜需要，可以隨時叫他到醫院支援。雖然相信自己有能力可以救活重傷病人，但他希望就算不是自己當班的時候，有更多病人也能被救活。他最大的願望是，如果哪一天有肝臟創傷的病人被送進醫院，有更多醫師可以處理得很好，甚至是自己那一天受傷了，也能很放心的在這裡接受醫治，這才是真的做到「在地」、「安心」的醫療。

## 守在花蓮**心更寬**

二十六歲時乘著金馬號來到花蓮，一待就是三十年，李明哲總是充滿著任重道遠的責任，就連他的啟蒙老師蔡伯文主任都告訴他：『你就是那種路遙知馬力的人！』他從小被迫快速的成長、獨立，養成自尊高又刻苦耐勞、使命必達的性格。他從沒有真正踏入過社會，第一個工作就是到慈濟，他的很多觀念都是在慈濟學習的。到慈濟之前，他對慈濟一無所知，後來慢慢地熟悉與融入，有些靜思語的確影響著他的人生觀，譬如「有願就有力」、譬如「普天三無——沒有我不愛的人，沒有我不信任的人，沒有我不原諒的人」。

以前他總覺得自己是慈濟一手栽培起來的醫師，外科的發展是自己責無旁貸的責任；他自認以慈濟教給他的精神來做事，設立很多制度。如今卸下行政職，他重新體會林欣榮院長給他的建議，已經身為教授，應該放下對行政的操心，往更能被世界看見的領域多發揮，多做研究，成為專家；雖然與他自己設立的目標不同，但樂於接受新想法的他，也覺得是相當不錯的建議。如今，充滿正義感、不平則鳴的他，已經過了對許多事情忿忿不平的階段，也不再沮喪了，他相信自己有能力，不管在哪個位置，只要人在花蓮，都可以發揮所長。

他開始去臺大醫院觀摩學習小兒肝臟移植手術。東部的人口不多，所以很多高端、高成本的醫療很難在東部發展。整個東部都沒有小兒肝臟移植的技術，但實務上確實有這樣的需求，東部的孩子也應該享有這樣的醫療保障。他認為既然慈濟醫院是東部唯一的一家醫學中心，就應該要提供在地基本應有的服務，慈濟醫院現在只有兼任的小兒外科醫師，但如果只仰賴兼任醫師，是無法好好發展的，如果連在地基本的需求都沒有辦法滿足，那要如何去吸引外面的病人過來就醫？又該如何提供安居樂業、安全、完整的醫療服務？他左思右盼的還是如何為病人、為在地醫療環境再加把勁。

除了小兒肝臟移植，他也去學使用達文西機械手臂進行切肝的手術技術，希望日後的活體肝臟移植，也可以朝向用腹腔鏡取肝來發展。

在臺灣，現在常規的移植手術已經純熟的使用腹腔鏡來取腎；種入腎臟以及取肝、種肝手術仍是以傳統的開腹手術為主。一般腹腔鏡手術是由醫師親手操作腹腔鏡，達文西手臂開刀則是利用機器手臂操作腹腔鏡。雖然站在病人的身邊比較有溫度和感情，而站在達文西操作臺上會遠離病人，但如果操作得好，技術純熟，手術則可以做得更精緻細膩，也能發展出更多困難的術式，讓病人受益。以前李明哲當主管的時候總是鼓勵醫師們去學、去做，現在的他則要自己去學習與運用。

把自己放下後，他找到自我相處的方法，發現自己內心還是非常喜歡幫助別人。從卸下行政職後，更有時間去消化各種邀約、到各地演講。他從花蓮到全臺各醫學中心、準醫學中心，對於有意發展器官移植的醫院，提供經驗與必要的協助，他甚至到各醫院去協助成立不同科別或提供推動業務的想法。從二〇一八年開始，他應臺北慈濟醫院之邀，每兩個星期到臺北慈院門診一次、同時進行器官移植手術。

李明哲第一次去的時候，剛好遇到一位腎臟移植的病人出現併發症，經歷九死一生、開了很多次刀，病人終於存活下來，但移植的腎臟終究無法使用，移植失敗了。病人術後腹壁上出現很大的疝氣，肚子好像抱著一個嬰兒一般。病人不願意再由原本的醫師治療，其他的醫師也擔心有醫療糾紛，加上手術危險，不敢輕易接下這個病人，李明哲感受到醫療團隊之間很大的壓力，失去了信心。最後他接下這個病人，告訴病人雖然開刀一定會有風險，但他會盡自己最大的努力。穩住病人的心之後，他成功的幫病人用腹腔鏡修補疝氣。

經過那次慘痛的經驗後，李明哲認為接下來最重要的事就是要重建醫院對醫療團隊的信心，包括醫師和病人的信心都要再次建立起來。原本腎臟內科醫師不敢轉介病人給外科醫師做移植手術，李明哲就帶著移植團隊，陸續完成了三例成功的活體腎臟移植，讓醫師相信，自己的醫院的確有這樣的技術與實力，「要相信我們真的可以做。」李明哲說，接下來還要為了提升醫療品質，醫療團隊就必須要有在職教育的機會，而過去的醫療糾紛或缺失也是一段學習歷程，把整件事當作一個重建與學習的好機會，在技術、醫療流程、知識上去反省、調整、重建，一旦重建完整，才能再度獲得醫療團隊和病人的信賴。

當初到臺北，李明哲相信一定會有人認為他要去「搶生意」，但他自己留下來跟著團隊一起手術、一起照顧病人，一年下來其實都在建立信賴基礎，接下來將醫療評估、影像檢查、移植專科評估等等醫療流程建立好，相信快的話兩年內就可以將移植業務交棒給在地醫院的醫師了。

二〇一九年，李明哲開始做血型不相容的腎臟移植。雖然十一年前他已經到東京女子醫科大學附設醫院學習這項技術，但回國之後一直沒做，因為是活體移植，在只准成功不許失敗的前提下，他一直等到腎臟科的血漿分離技術成熟、可以完整的清洗抗體才開始做。腎臟移植成功開始之後，李明哲又將這項技術發展到肝臟移植，至此，血型不相容不再是器官移植的大禁忌，需要器官移植的病人擁有了多元的選擇及更多活下去的機會。

他看過一部美國影集，內容敘述一群人到天堂去了，到天堂時大家就開始分享，為什麼自己會上天堂。原來有一群人其實是搭錯車了，他們沒有做什麼好事，有時候也會有點小小壞心眼，他們剛開始影響這一群好人，但是好人比較老實，遇到事情也比較常往好的地方想，解決事情有方法，所以這群搭錯車的人也開始被好人影響，最後互相影響學習，也改善了天堂裡原本的樣子。所以團隊合作、良性競爭，是他心目中理想的醫療景象，也是病人之福。「成功不必在我。」是李明哲的口頭禪，他希望如果自己的付出，能夠讓每個病人都可以就地接受到最好的治療，那就是最好的結果。做任何事，他都相信自己沒有私心，全力以赴，所以無欲則剛，可以任人檢驗，也因此很坦蕩。

# 依然**存在**

「Where have all the flowers gone？（花兒都到哪兒去了？）」是李明哲很喜歡的一首美國反戰歌曲，內容講的是景物依舊、人事全非。女孩去墳前摘花，土裡埋葬的是她的男友。花朵到哪裡去了？男孩都到哪裡去了，墳裡長出了花，花朵都到哪裡去了？

人類征戰不已，到底所為而來，最後都化成一堆塵土，塵土上又長出花來，生生不息的循環。醫學也是生生不息，不斷的循環，前人雖然離去，但智慧仍落入土裡被來者吸收發揚，共同為了創造生機、延續生命而努力。

多年前，李明哲到東京女子醫科大學進修，當時的日本教授問他，「你已經這麼資深了，為什麼還要來進修？」李明哲回答：「我要來學習你們的精神。」

東京女子醫科大學是二次世界大戰留下來的老建築，雖然校園裡有新穎的校舍，但很多醫師的辦公室、會議室、病房依然還在舊建築裡，李明哲看來，這些超過百年的老房子，甚至比臺大醫院的老建築更破舊，他常常在木造的建築物裡鑽來鑽去，有會議時，經常是一、二十個人擠在狹小又堆滿報章雜誌的空間裡。儘管如此，在這個空間裡的每個人都非常認真的準備，其中尊師重道、互相尊重的精神，更是讓他欽佩。

去過美國、也去過日本，他感受到這兩個在醫學上先進的強國，雖然文化不同，卻有異曲同工之妙，都是民主而彼此尊重，就算不同意對方的看法，但依然絕對捍衛對方表達意見的權力。

所幸臺灣也一直在進步，而經歷了日本女子醫科大學一個月的洗禮，李明哲也不再覺得自己所處的環境不好了。他體會到「山不在高、有仙則靈」，不論硬體環境如何，內涵與素養才是真正強盛的元素。

「不是你能走得多遠，而是你能看得到、想像得到多遠。」李明哲說，在各種追尋的路途中，重點不是自己處在哪個位置，而是「視野和願景（vision）」到哪裡。當年自己與許多醫師被吸引到了東部，默默耕耘這塊土地，未曾忘記過去的理想。

他自認已經認真的做到比自己想像得還好，但在願景裡，他想要飛得更高、走得更遠。只要體能可以負荷，他要一直開刀到六十歲；只要病人需要，他都可以奉陪。「我是東部最會開刀的醫師之一，這不是驕傲，而是事實。」

李明哲回想過去，很多人時常講「莫忘初衷」。這三十年來，他看到許多所謂的高手來到這塊土地，原本想一展長才，但卻因為各種原因紛紛離去，一批來了，一批又走了，就像美麗的花朵一一消失。

李明哲沒有顯赫的背景和漂亮的履歷，他只是一直守在東部認真的照顧病人、用不負所託的心念，鍛鍊自己的醫術，腳踏實地，完整把每一件事做好。經過這些洗禮，他證明自己的醫術和信念打敗了這些高手，繼續留在這個地方照顧病人。

李明哲說，我們被吸引過來，我們繼續依然存在。

## 李明哲醫師大事記

1965 出生於基隆

1977 基隆市八斗國小畢業

1980 基隆市私立二信中學國中部畢業

1983 臺北市立建國中學畢業

1991 私立臺北醫學院醫學系畢業

1991 花蓮慈濟醫院外科住院醫師

1992 與蔡娟秀結婚

1994 年度全院票選優良員工

1996 升任花蓮慈濟醫院一般外科主治醫師

1997 完成第一例屍腎臟移植、美國匹茲堡移植醫學中心研究員

1998 回國，開始器官勸募

1999 下鄉籌備關山慈院

2000 花蓮慈院器官移植小組主任、完成第一例活體腎臟移植

2003 完成第一例屍體肝臟移植、完成第一例連體嬰肝臟分割

2003 獲頒花蓮慈濟醫院「人醫典範」

2004 全院票選年度優良員工、衛生署核准成立慈濟器官勸募中心

2005 花蓮慈濟醫院外科部副主任、一般外科主任、日本京都大學短期進修

2006 「畢業後一般醫學訓練」票選年度最佳教學主治醫師、慈濟大學醫學系票選年度優良教師

| | |
|---|---|
| 2007 | 連續9年獲「教學醫院教學費用補助計劃」住院醫師票選年度優良臨床教師 |
| 2008 | 移植中心主任、腫瘤外科主任、實習醫師票選年度最佳教學主治醫師、財團法人器官捐贈移植登錄中心評選為優秀器官勸募團隊、完成第一例活體肝臟移植、日本東京女子醫科大學腎臟中心研究員 |
| 2009 | 通過教育部審定助理教授資格 |
| 2010 | 花蓮慈濟醫院外科部主任、慈濟大學醫學系外科學科主任、獲衛生署優秀器官勸募人員、完成第二例連體嬰肝臟分割 |
| 2011 | 榮任財團法人器官捐贈移植登錄中心第4屆董事 |
| 2013 | 通過教育部審定副教授資格 |
| 2014 | 榮任財團法人器官捐贈移植登錄中心第5屆董事 |
| 2015 | 大腸直腸外科主任、完成第三例連體嬰肝臟分割、完成第一例活體腎臟移植國際醫療個案、完成第一例活體肝臟移植國際醫療個案 |
| 2017 | 榮任財團法人器官捐贈移植登錄中心第6屆董事、社團法人中華民國器官捐贈協會理事長、花蓮縣第十九屆優良醫師 |
| 2018 | 通過教育部審定教授資格 |
| 2019 | 慈濟醫院外科醫學發展中心副主任、完成第一例血型不相容活體腎臟移植 |
| 2020 | 榮任財團法人器官捐贈移植登錄中心第7屆董事、完成第一例血型不相容活體肝臟移植 |

悅讀健康系列 HD3164

# 器而不捨，以愛延續生命

## 東臺灣器官移植推動者——李明哲的行醫路

主　　述／李明哲
撰　　文／吳宛霖
選　　書／林小鈴
主　　編／陳玉春

協力執行主編／曾慶方、楊金燕
企畫統籌＆校對／佛教慈濟醫療財團法人人文傳播室

行銷經理／王維君
業務經理／羅越華
總 編 輯／林小鈴
發 行 人／何飛鵬

出　　版／原水文化
台北市民生東路二段141號8樓
電話：02-2500-7008
傳真：02-2502-7676
原水部落格：http://citeh2o.pixnet.net
發　　行／英屬蓋曼群島商家庭傳媒股份有限公司城邦分公司
台北市中山區民生東路二段141號11樓
書虫客服服務專線：02-25007718；02-25007719
24小時傳真專線：02-25001990；02-25001991
服務時間：週一至週五上午09:30-12:00；下午13:30-17:00
讀者服務信箱E-mail：service@readingclub.com.tw
劃撥帳號／19863813；戶名：書虫股份有限公司
香港發行／城邦（香港）出版集團有限公司
香港灣仔駱克道193號東超商業中心1樓
電話：852-2508-6231　傳真：852-2578-9337
電郵：hkcite@biznetvigator.com
馬新發行／城邦（馬新）出版集團【Cite（M）Sdn. Bhd.（458372U）】
11, Jalan 30D/146, Desa Tasik,
Sungai Besi, 57000 Kuala Lumpur, Malaysia.
電話：603- 90563833　傳真：603- 90562833

城邦讀書花園
www.cite.com.tw

美術設計／張曉珍
攝　　影／梁忠賢
製版印刷／科億資訊科技有限公司
初　　版／2020年12月24日
定　　價／350元
ISBN 978-986-99456-7-7


國家圖書館出版品預行編目資料

器而不捨,以愛延續生命：東臺灣器官移植推動者：李明哲的行醫路/李明哲主述；吳宛霖撰文. -- 初版. -- 臺北市：原水文化出版：英屬蓋曼群島商家庭傳媒股份有限公司城邦分公司發行, 2020.12
面；　公分. -- (悅讀健康系列；HD3164)
ISBN 978-986-99456-7-7(精裝)

1.李明哲 2.醫師 3.臺灣傳記

783.3886　　109018314